[Gestão da qualidade: melhoria contínua e busca pela excelência]

O selo DIALÓGICA da Editora InterSaberes faz referência às publicações que privilegiam uma linguagem na qual o autor dialoga com o leitor por meio de recursos textuais e visuais, o que torna o conteúdo muito mais dinâmico. São livros que criam um ambiente de interação com o leitor – seu universo cultural, social e de elaboração de conhecimentos –, possibilitando um real processo de interlocução para que a comunicação se efetive.

[Gestão da qualidade: melhoria contínua e busca pela excelência]

TAÍS PASQUOTTO ANDREOLI
LÍVIA TIEMI BASTOS

Rua Clara Vendramin · 58 · Mossunguê
CEP 81200-170 · Curitiba · Paraná · Brasil
Fone: [41] 2106-4170
www.intersaberes.com
editora@editoraintersaberes.com.br

Conselho editorial
Dr. Ivo José Both (presidente)
Drª. Elena Godoy
Dr. Nelson Luís Dias
Dr. Neri dos Santos
Dr. Ulf Gregor Baranow

Editora-chefe [Lindsay Azambuja]

Supervisora editorial [Ariadne Nunes Wenger]

Analista editorial [Ariel Martins]

Preparação [Lumos Soluções Editoriais]

Capa [Laís Galvão dos Santos]

Projeto gráfico [Raphael Bernadelli]

Iconografia [Celia Kikue Suzuki]

Dados Internacionais de Catalogação na Publicação (CIP)
(Câmara Brasileira do Livro, SP, Brasil)

Andreoli, Taís Pasquotto
  Gestão da qualidade: melhoria contínua e busca pela excelência/Taís Pasquotto Andreoli, Lívia Tiemi Bastos. Curitiba: InterSaberes, 2017. (Série Administração da Produção)

  Bibliografia.
  ISBN 978-85-5972-470-7

  1. Controle de qualidade 2. Produtividade 3. Qualidade total – Administração 4. Qualidade total – Gerenciamento I. Bastos, Lívia Tiemi. II. Título. III. Série.

17-06339   CDD-658.4013

Índices para o catálogo sistemático:
1. Gestão da qualidade: Administração de empresas 658.4013
2. Qualidade : Gestão: Administração de empresas 658.4013

1ª edição, 2017.

Foi feito o depósito legal.

Informamos que é de inteira responsabilidade das autoras a emissão de conceitos.

Nenhuma parte desta publicação poderá ser reproduzida por qualquer meio ou forma sem a prévia autorização da Editora InterSaberes.

A violação dos direitos autorais é crime estabelecido na Lei n. 9.610/1998 e punido pelo art. 184 do Código Penal.

[sumário]

apresentação [7]

como aproveitar ao máximo este livro [9]

1 Introdução à qualidade: conceitos básicos [13]
1.1 História e evolução da qualidade [16]
1.2 O que é qualidade [23]
1.3 Abordagens da qualidade [26]
1.4 Dimensões da qualidade [29]
1.5 Objetivos da qualidade [31]
1.6 Funções estratégicas da qualidade [32]

2 Qualidade, custo e preço [37]
2.1 Custo × qualidade [40]
2.2 Preço × qualidade [48]

3 Controle estatístico da qualidade [53]
3.1 A estatística no controle da qualidade [56]

4 Gestão da qualidade total [69]
4.1 Qualidade total e sua gestão [72]
4.2 Sistemas de qualidade [83]

5 Qualidade e competitividade [89]

5.1 Implementação da gestão da qualidade [92]

5.2 Competitividade e avaliação de desempenho [96]

6 Mudanças contínuas e pensamento criativo [109]

6.1 A habilidade de criar [112]

6.2 Promovendo a criatividade pessoal [114]

6.3 Promovendo a criatividade nos negócios [121]

6.4 Usando a criatividade na resolução de problemas [125]

7 Gestão da qualidade e inovação [133]

7.1 Construindo o conceito de *inovação* [136]

7.2 Tipos de inovação [140]

8 Execução: levando a inovação às organizações e ao mercado [151]

8.1 Gestão do processo de inovação nas organizações [154]

8.2 Medidas de gestão da inovação [158]

8.3 Inovação × *kaizen* [161]

8.4 Barreiras à inovação [163]

para concluir... [169]

referências [170]

respostas [182]

sobre as autoras [187]

[apresentação]

O livro *Gestão da qualidade: melhoria contínua e busca pela excelência* é resultado de um esforço conjunto para apresentar e contextualizar os desafios enfrentados pelas organizações em meio às dificuldades do século XXI. Trata-se de um tema que já ultrapassou as barreiras setoriais e é hoje amplamente difundido nas mais variadas organizações pelo planeta afora – e, muito em breve, certamente se tornará um pressuposto básico na produção de bens e serviços. Afinal, vivemos em um mundo em constante mudança, e isso faz com que a procura por meios de proporcionar a melhor satisfação possível ao cliente seja um desafio contínuo e cada vez mais complexo.

A obra está dividida em duas partes. O foco da primeira consiste na apresentação do tema da qualidade. O primeiro capítulo trará uma pequena introdução histórica, em que a qualidade será examinada em suas diferentes dimensões, elementos, objetivos e funções estratégicas. O segundo capítulo abordará a relação entre a busca de qualidade e a gestão dos custos e preços que ela acarreta a uma organização. Também será demonstrado que os gastos com qualidade resultam em vantagens econômicas.

O terceiro capítulo tratará do controle estatístico da qualidade. Nele será enfatizado o fato de que o uso de ferramentas estatísticas beneficia as etapas de avaliação e monitoramento na gestão da qualidade e seus desdobramentos. Por fim, o quarto capítulo será dedicado à gestão da qualidade total. Ao longo dele, analisaremos os principais autores e conceitos vinculados a essa estratégia gerencial para, em seguida, contextualizá-los em relação aos sistemas de gestão mais amplamente aceitos atualmente.

A segunda parte do livro tem como objetivo relacionar o tema que permeia os capítulos anteriores com propostas de soluções criativas e de execução, consideradas como fatores diferenciais para uma melhor implementação da gestão da qualidade. Com esse propósito em vista, o quinto capítulo abordará aspectos da implementação do gerenciamento da qualidade total, tratados à luz dos avanços verificados no campo das avaliações de desempenho organizacional, além de fazer referência aos desafios costumeiramente enfrentados durante essa implementação. O sexto capítulo tomará o pensamento criativo como habilidade organizacional que contribui para a competitividade da empresa e também mostrará como esse fator influencia a implantação da gestão da qualidade, por favorecer a melhoria contínua.

O sétimo capítulo terá como foco o tema da inovação. Descreveremos quatro das principais características desse conceito, bem como sua evolução no contexto atual. O oitavo capítulo enfocará a melhoria contínua como conexão entre o processo criativo, o de gestão da inovação e a gestão da qualidade. Ao final, examinaremos algumas das barreiras à inovação que devem ser superadas para que esses processos cheguem a bom termo.

Depois de conhecermos o pensamento recente de alguns autores relevantes na área, formamos a convicção de que a cultura organizacional, alinhada à boa implementação das ferramentas da qualidade, constitui-se em um caminho para se chegar a um desempenho organizacional superior. Por esse motivo, assumimos como objetivo, neste livro, desenvolver uma abordagem introdutória e abrangente dos principais conceitos relacionados à gestão da qualidade, além de propor o pensamento criativo e a execução da inovação como aliados na busca pela excelência organizacional. A adoção de uma linguagem clara e objetiva permitirá que você assimile mais facilmente o conteúdo abordado e possa, assim, aplicá-lo ao contexto atual: um mundo globalizado, conectado e cada vez mais competitivo.

[como aproveitar ao máximo este livro]

Este livro traz alguns recursos que visam enriquecer o seu aprendizado, facilitar a compreensão dos conteúdos e tornar a leitura mais dinâmica. São ferramentas projetadas de acordo com a natureza dos temas que vamos examinar. Veja, a seguir, como esses recursos se encontram distribuídos no projeto gráfico da obra.

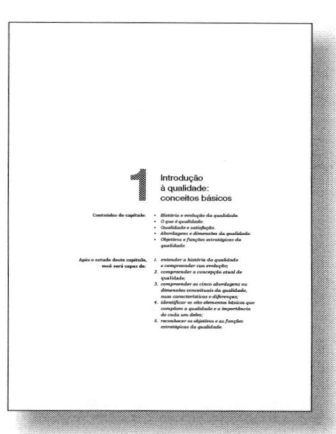

- *Conteúdos do capítulo*
  Logo na abertura do capítulo, você fica conhecendo os conteúdos que serão nele abordados.

- *Após o estudo deste capítulo, você será capaz de:*
  Você também é informado a respeito das competências que irá desenvolver e dos conhecimentos que irá adquirir com o estudo do capítulo.

- *Fique atento!*
  Nesta seção, as autoras disponibilizam informações complementares referentes aos temas tratados nos capítulos.

- *Estudo de caso*
  Esta seção traz ao seu conhecimento situações que aproximarão os conteúdos estudados de sua prática profissional.

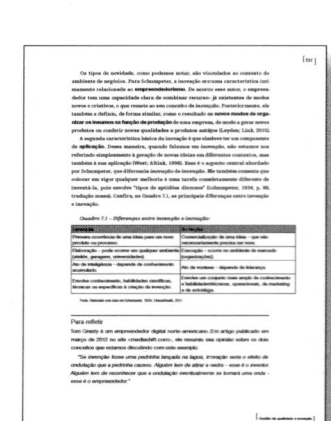

- *Para refletir*

    Nesta seção você dispõe de algumas reflexões dirigidas com base na leitura de excertos de obras dos principais autores comentados neste livro.

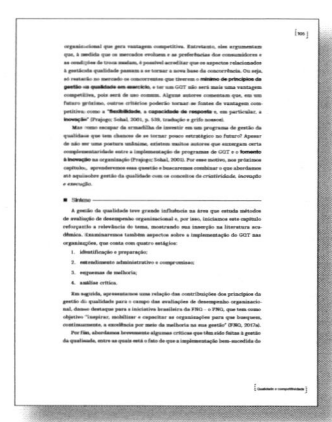

- *Síntese*

    Você dispõe, ao final do capítulo, de uma síntese que traz os principais conceitos nele abordados.

- *Exercícios resolvidos*

    A obra conta também com exercícios seguidos da resolução feita pelas próprias autoras, com o objetivo de demonstrar na prática a aplicação dos conceitos examinados.

- *Questões para revisão*
Com estas atividades, você tem a possibilidade de rever os principais conceitos analisados no capítulos. Ao final do livro, as autoras disponibilizam as respostas às questões, a fim de que você possa verificar como está sua aprendizagem.

- *Questões para reflexão*
Nessa seção, a proposta é levá-lo a refletir criticamente sobre alguns assuntos e trocar ideias e experiências com seus pares.

- *Para saber mais*
Você pode consultar as obras indicadas nesta seção para aprofundar sua aprendizagem.

1 Introdução à qualidade: conceitos básicos

Conteúdos do capítulo:
- *História e evolução da qualidade.*
- *O que é qualidade.*
- *Qualidade e satisfação.*
- *Abordagens e dimensões da qualidade.*
- *Objetivos e funções estratégicas da qualidade.*

Após o estudo deste capítulo, você será capaz de:
1. *entender a história da qualidade e compreender sua evolução;*
2. *compreender a concepção atual de qualidade;*
3. *compreender as cinco abordagens ou dimensões conceituais da qualidade, suas características e diferenças;*
4. *identificar os oito elementos básicos que compõem a qualidade e a importância de cada um deles;*
5. *reconhecer os objetivos e as funções estratégicas da qualidade.*

TAÍS PASQUOTTO ANDREOLI

Neste capítulo, trataremos de alguns conceitos básicos e introdutórios sobre a qualidade. Mostraremos quando ela começou a ser priorizada pelas organizações e como evoluiu com o tempo, até chegar à concepção assumida atualmente. Além disso, examinaremos diferentes formas de abordar a qualidade, suas dimensões e seus elementos constituintes, bem como seus objetivos e suas funções estratégicas

1.1 História e evolução da qualidade

A qualidade nem sempre foi objeto de preocupação das organizações. Quando os processos de produção dependiam unicamente da manufatura, praticamente artesanal, não havia um padrão de qualidade para os produtos produzidos. Este só começou a ser adotado de fato e a ganhar importância após a Revolução Industrial, principalmente em virtude do trabalho de Frederick W. Taylor. Vejamos como essa evolução ocorreu.

1.1.1 A manufatura na Idade Média

O sistema de produção vigente na Idade Média era baseado na **manufatura**, ou seja, os produtos eram fabricados de forma artesanal, de modo que um só artesão realizava e controlava todas as etapas e todos os instrumentos necessários para levá-las a cabo. Isso significa que o artesão era completamente responsável por todo o processo de produção, executando-o da forma e no prazo que lhe fossem mais convenientes, conforme suas próprias necessidades.

É possível afirmar, portanto, que nessa época não havia programação da produção, nem sequenciamento e prazos previamente estipulados, tampouco padrões e controles de qualidade, já que os produtos sofriam alterações de acordo com a vontade do artesão que os produzia. A forma de produção, os prazos de entrega, a quantidade e a qualidade eram definidos, unilateralmente, pelos artesãos. Como consequência, os comerciantes ficavam à mercê das decisões dos artesãos, pois dependiam integralmente destes para poder comercializar os produtos manufaturados.

1.1.2 Revolução Industrial: maquinofatura, especialização e trabalho assalariado

As inovações tecnológicas desenvolvidas a partir do século XVIII, somadas à crise do sistema feudal – cuja organização econômica tinha uma base eminentemente agrícola – e sua gradual substituição por uma economia que dependia cada vez mais da produção industrial em larga escala, tiveram como consequência um avanço do comércio e um declínio da produção manufatureira e artesanal.

A demanda crescente por maior eficiência na produção de bens em escala cada vez maior, por outro lado, implicou a necessidade de reorganizar e reestruturar os sistemas produtivos, bem como de incrementá-los, principalmente por meio de sua mecanização.

Nesse contexto, foram desenvolvidos diversas novas máquinas, tecnologias e recursos, como a máquina de fiar, usada para transformar matérias-primas como algodão, linho e seda em fios para a fabricação de tecidos e tapetes; as novas técnicas de fabricação de aço; os teares hidráulicos e mecânicos; a utilização em larga escala do carvão como fonte de energia; o motor a vapor; a bateria elétrica. Para facilitar tanto o escoamento da crescente produção industrial quanto o abastecimento em fluxo e quantidade suficientes para suprir a maior demanda de matérias-primas, os setores de transportes e de comunicações também precisaram ser modernizados. Isso deu origem a novas tecnologias de transporte, como o barco e as locomotivas a vapor, e de comunicação, como o telégrafo e, bem mais tarde, o telefone.

Em decorrência de tais melhoramentos, não só a capacidade de produção foi ampliada, como também se passou a produzir mais em menos tempo e com muito menor esforço. Aspectos como a programação da produção – que permite planejar e definir um sequenciamento das etapas de produção e seus prazos – e a implantação de um padrão e do controle de qualidade dos produtos produzidos também começaram a adquirir importância.

Devemos, contudo, ter em mente que não foram só os sistemas de produção que mudaram com a Revolução Industrial; também as relações de trabalho no meio fabril sofreram alterações. Antes dela, como mencionamos, os artesãos eram responsáveis por todo o processo de produção dos bens que forneciam, do início ao fim. Ou seja, eles eram não apenas criadores de mercadorias, mas também senhores de sua própria produção. Com a industrialização, porém, o fabrico de bens e produtos passou a ser realizado por trabalhadores que detêm apenas sua própria mão de obra, que é então vendida à classe burguesa. Além disso, cada trabalhador passou a desempenhar funções específicas na linha de produção do chão da fábrica, participando apenas de uma parte do processo, e não dele como um todo.

O que se verificou, portanto, foi uma transferência fundamental do controle da produção das mãos dos artesãos para as da classe burguesa, tanto em termos de insumos produtivos e etapas envolvidas quanto em termos de resultados (produto final, comercialização e lucro). Portanto, podemos afirmar que a Revolução Industrial instaurou a **maquinofatura**, a **divisão** e a **especialização do trabalho** nas fábricas e o **trabalho assalariado**.

Como consequência, as condições de vida e de trabalho da classe trabalhadora também foram impactadas. Com a falência do sistema artesanal e a atratividade das fábricas, houve uma grande migração da população rural para as cidades, o que deu origem a uma enorme concentração populacional urbana. Em razão da abundância de mão de obra disponível, os trabalhadores passaram a ser submetidos a jornadas de trabalho abusivas, realizadas em condições precárias e ambientes insalubres. Em reação a esse quadro, por outro lado, nasceram os primeiros movimentos trabalhistas e sindicalistas.

Foi também nessa época que surgiu o que se considera o primeiro estudo de administração, que teve como objetivo analisar o desempenho do trabalho humano nos ambientes fabris. A consequência quase natural da formação desse novo campo de pesquisa foi a instauração do estudo da qualidade, que, afinal, é um aspecto inerente ao processo de produção em larga escala, conforme veremos a seguir.

1.1.3 Fases evolutivas da qualidade

A qualidade começou a ser trabalhada no ambiente organizacional em 1900 e passou por quatro fases ou eras evolutivas: era da inspeção, era do controle estatístico, era da garantia e era da qualidade total (Chiavenato, 2011; Soares, 2011).

Figura 1.1 – Fases evolutivas da qualidade

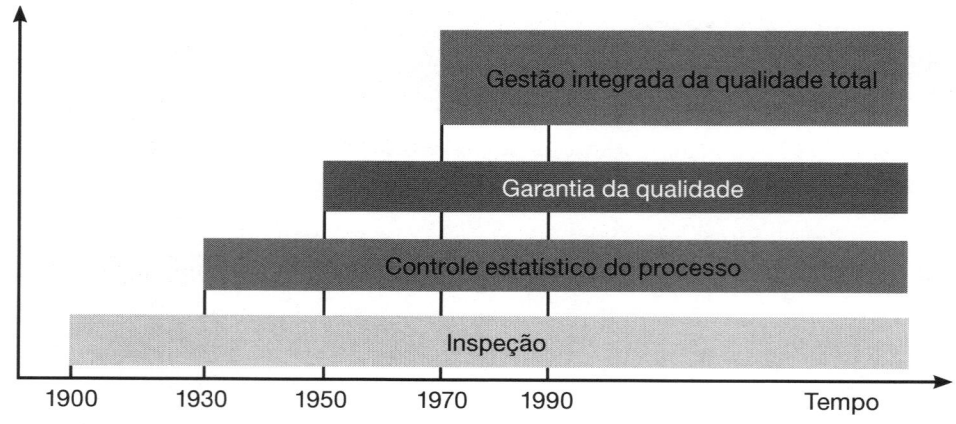

Fonte: Adaptado de Soares, 2011, p. 31.

1.1.3.1 Era da inspeção

A qualidade começou a ser implantada no ambiente organizacional com base nas ideias do engenheiro mecânico norte-americano Frederick W. Taylor, responsável pelo desenvolvimento da primeira teoria da administração, por ele denominada *administração científica*, que juntamente com a teoria clássica, do francês Jules Henry Fayol, formam a primeira escola do pensamento administrativo: a **abordagem clássica**.

Taylor propôs um método de organização científica do trabalho, o que configurou a primeira abordagem sistemática de **organização racional da produção**. Para ele, o primeiro passo a ser seguido deveria ser separar o trabalho intelectual – ligado à concepção, à elaboração e à organização das ideias – do trabalho de massa – concernente à execução de atividades previamente traçadas. Trata-se do primeiro esforço para uma **hierarquização** da produção, contexto no qual os trabalhadores braçais estão subordinados aos seus supervisores – geralmente engenheiros.

Mediante a aplicação das noções científicas de tempo e movimento ao trabalho humano, Taylor tinha como objetivo quantificar o trabalho em termos de **produtividade**, de modo a definir o nível de produção diária de determinadas funções, tomando como parâmetro o tempo gasto para desempenhá-las. A principal preocupação de Taylor era encontrar a melhor forma de fazer as coisas (*the best way*), de maneira a maximizar o resultado do trabalho. Para conseguir isso, Taylor acreditava que o melhor recurso seria a divisão racional do trabalho, de acordo com a qual cada trabalhador desempenharia uma função específica e limitada, fragmentando-se as diversas etapas do processo de produção tanto quanto possível.

Fique atento!

Muitos afirmam que a grande contribuição de Taylor, considerado o "pai da administração", foi ter proposto o que ele classificava como "*the best way*", ou seja, a melhor forma de fazer as coisas, que, para ele, consistia na divisão racional do trabalho e na especialização dos funcionários.

Uma das funções consideradas extremamente importantes por Taylor era a de **inspetor**. O papel da inspeção era verificar os produtos ao término do ciclo produtivo, com o objetivo de identificar possíveis itens defeituosos. Essa fase em que o controle de qualidade era focado no produto acabado e em sua conformidade aos padrões desejáveis é que caracteriza a chamada *era da inspeção*.

A debilidade desse sistema residia justamente no conceito que o fundamenta: como a inspeção acontecia apenas quando os produtos já estavam em seu formato final, não havia como reverter eventuais erros produtivos. Isto é, a atividade dos inspetores restringia-se à mera identificação e quantificação dos produtos defeituosos, que eram simplesmente descartados, jogados no lixo. Não havia uma preocupação em analisar as causas do erro, tampouco em rever o processo produtivo a fim de prevenir ou mesmo corrigir as falhas detectadas.

Da constatação de tal deficiência nasceu a necessidade de se adotar um novo conceito que norteasse o controle de qualidade de maneira mais racional e producente.

1.1.3.2 Era do controle estatístico

Na era do controle estatístico, que teve início nos anos 1930, direcionava-se o foco da atenção ao processo produtivo, e não mais especificamente ao produto final. Dessa forma, a verificação de qualidade dos produtos passou a ser auferida **durante** as diferentes etapas desse processo, e não somente ao seu término. Com isso, os erros observados em cada etapa podiam ser revertidos, tornando possível a correção dos produtos defeituosos, o que diminuiu o desperdício de forma substancial.

Além disso, como o próprio nome do período indica, a era do controle estatístico propunha que a análise de qualidade fosse realizada por meio de **amostras** que fossem significativas para representar o todo. Ou seja, não era necessário analisar a totalidade dos produtos acabados em todas as etapas da produção, pois bastava verificar uma pequena porcentagem desse montante, desde que ela fosse capaz de representar a situação total.

Trata-se, assim, da origem do reconhecimento de que a **variabilidade** é inerente aos processos produtivos e da adoção de técnicas estatísticas para identificá-la e controlá-la. Essa constatação possibilitou a adoção de um estilo de **gestão corretiva**, voltada à identificação das **causas dos erros**, com base na qual se pudesse empreender uma posterior ação corretiva.

Examinaremos esses conceitos (variabilidade, gestão corretiva e causas dos erros) em mais profundidade nos próximos capítulos (particularmente nos Capítulos 3 e 4).

1.1.3.3 Era da garantia

Com a **globalização** e a consequente abertura de mercados e acirramento da **competitividade**, o cenário empresarial – que era usualmente comprador, ou seja, tinha uma demanda maior do que a oferta – transformou-se em vendedor, com muitos ofertantes disputando entre si para conquistar o mercado consumidor. Isso significa que, anteriormente, tudo o que era produzido era facilmente escoado no mercado consumidor, uma vez que não havia muitas opções de escolha nem disponibilidade de grandes quantidades. Com a passagem para o cenário vendedor, o mercado passou a oferecer mais opções e, com isso, o consumidor tornou-se mais exigente em suas decisões de compra.

Nesse novo cenário, que teve início nos anos 1950, ganhou importância a oferta de atributos ou garantias que diferenciassem as organizações em relação aos seus concorrentes e as tornassem mais capacitadas a pleitear a preferência do consumidor, como menor preço, mais diversificação e, principalmente, maior qualidade. Configurou-se, assim, a terceira fase da gestão de qualidade: a era da garantia, cujo foco se concentrava no sistema, isto é, na organização como um todo, que firma um acordo explícito e público de qualidade perante seu mercado consumidor.

Foi ainda nessa era que se propôs a concepção de *controle total da qualidade*, que generalizava a responsabilidade pela qualidade dos produtos, a qual passava a ser vista como derivada do trabalho de todos e de cada um dos funcionários, ou seja, começava a ser tratada de forma compartilhada e sistêmica.

O controle de qualidade será abordado em mais detalhes no Capítulo 3.

1.1.3.4 Era da qualidade total

No período iniciado nos anos 1970, o controle tem início já na elaboração do projeto, desenvolve-se ao longo de todas as etapas envolvidas na produção e termina somente quando o produto está finalizado. O objetivo, portanto, consiste não apenas em identificar as causas potenciais de possíveis falhas, mas também em preveni-las antes que de fato aconteçam.

Tal postura deve-se principalmente ao fato de que, com um mercado consumidor cada vez mais exigente, aspecto que se soma à ocorrência de mudanças rápidas e constantes, as organizações começaram a perceber que fazem parte de um ambiente muito maior, sobre o qual exercem influência, pelo qual são influenciadas e com o qual se relacionam. Com isso, a garantia de qualidade passou a ser cobrada não só da própria organização, mas também dos agentes que interagem com ela, como seus fornecedores. Esses agentes de interesse ou influência na organização definem-se como *stakeholders* – representados, aqui, por fornecedores, concorrentes, consumidores, a sociedade, o meio ambiente e o governo.

Fique atento!

Stakeholders constituem todos os agentes que são alvos de interesse ou que exercem influência sobre a organização, ou seja, todos os públicos que podem, de alguma forma, impactar a atuação da empresa ou ser impactados por ela.

Além disso, a própria organização apresenta subsistemas – partes menores que, mesmo não diretamente relacionadas ao processo produtivo, também devem estar coordenadas e alinhadas para garantir a qualidade não só dos produtos, mas da atuação organizacional como um todo. É o caso de outras funções organizacionais, como a gestão de recursos humanos, a gestão financeira e o *marketing*.

Levando todos esses aspectos em conta, podemos entender que essa última fase da gestão de qualidade, denominada *era da qualidade total*, resulta de uma evolução natural, uma vez que engloba as contribuições das eras que a antecederam. Mais do que isso, essa nova era estende a garantia de qualidade para a cadeia de valor da organização, pensada em termos de um desdobramento de suas atividades, envolvendo desde seus fornecedores, passando pela organização como um todo e todas as atividades e processos envolvidos em sua atuação, até chegar a seus consumidores.

Quadro 1.1 – Eras da qualidade

Era	Foco	Consequência
Inspeção	Produto	Erros não revertidos
Controle estatístico	Processo	Reversão do erro, amostragem
Garantia	Sistema	Diferencial competitivo
Qualidade total	Negócio	Cadeia de valor

1.2 O que é qualidade

Como foi demonstrado, a qualidade evoluiu gradualmente com o passar do tempo. Mas, afinal, o que é qualidade? De maneira geral, existem duas perspectivas distintas para se conceituar *qualidade*: do ponto de vista da organização (produtora), que caracteriza a qualidade intrínseca, e do ponto de vista do consumidor, que configura a qualidade extrínseca. A seguir, descreveremos essas duas visões

1.2.1 Visão da organização

Quando considerada em termos de produção, a qualidade se refere à **conformidade**, ou seja, os produtos finais devem estar de acordo com o projeto previamente planejado. A qualidade, nesse sentido, pode ser pensada como a capacidade da organização de cumprir seus padrões pré-estipulados, minimizando ou mesmo evitando possíveis desvios em relação ao planejamento. Trata-se, portanto, de conseguir cumprir ao máximo todas as especificações definidas, tanto em termos de produto quanto em termos de processo produtivo. Por isso falamos em **qualidade intrínseca** – ela é inerente ao produto. A qualidade, nesse caso, existe de forma objetiva e concreta e pode ser facilmente mensurada, avaliada e comparada.

Fique atento!

A qualidade intrínseca é **inerente ao produto** e, portanto, existe de forma concreta. Isso permite que ela seja facilmente mensurada e comparada em termos objetivos.

Entretanto, como resultado da evolução do conceito e da prática da qualidade no âmbito organizacional, a concepção atual propõe uma perspectiva de negócios pautada pela qualidade. Isto é, a qualidade deve ser encarada tanto como filosofia quanto como prática, que devem ser buscadas conjunta e continuamente pelas organizações – um princípio que deve nortear todas as atividades organizacionais, em vez de ser entendido apenas como um atributo específico a ser levado em conta. Nesse sentido, a qualidade denota a excelência no desempenho e na atuação da organização como um todo, e não somente na elaboração de um produto ou de uma linha de produção.

1.2.2 Visão do consumidor

Outra perspectiva com base na qual se pode analisar a construção da qualidade é a do consumidor, a qual diz respeito ao julgamento que ele faz do bem adquirido, do serviço prestado ou da atuação da organização como um todo. Por isso dizemos que esse ponto de vista se refere à **qualidade extrínseca**, ou seja, ao que é percebido subjetivamente pelo consumidor.

Fique atento!
A qualidade extrínseca diz respeito à **percepção do consumidor**. Esse é um aspecto que dificulta sua mensuração e sua análise comparativa, pois ela se manifesta unicamente em termos subjetivos.

Para compreendê-la adequadamente, cabe diferenciar dois conceitos que, apesar de distintos, são usualmente tratados como iguais: **satisfação** e **qualidade**.

1.2.2.1 Satisfação do consumidor

Lovelock e Wright (2006) definem *satisfação* como a diferença positiva entre a expectativa inicial do cliente (aquilo que ele esperava) e o que ele realmente vivenciou com o consumo (ou seja, aquilo que ele percebeu). As expectativas iniciais são construídas com base na oferta e nas condições de compra: preços, prazos, características, momentos de consumo, entre outros fatores.

Assim, segundo esses autores, quando a percepção da qualidade acerca do que foi recebido for maior ou igual ao que o consumidor esperava, podemos concluir que o consumidor ficou satisfeito com a transação realizada. Por outro lado, quando as expectativas do consumidor forem maiores do que a percepção gerada pelo consumo, podemos inferir que as expectativas do consumidor não foram alcançadas, e isso tem por consequência sua insatisfação.

Figura 1.2 – Satisfação do consumidor

Percepção ≥ Expectativa = Satisfação

Percepção < Expectativa = Insatisfação

Com base nisso, Goulart e Andreoli (2015) argumentam que a satisfação pode ser concebida de forma direcionada, mudando a cada transação, de modo a adequar-se o produto às expectativas iniciais do consumidor em cada ocasião.

Imagine, por exemplo, que você decidiu almoçar fora e encontrou um restaurante com comida caseira, no qual pode servir-se à vontade e desfrutar de uma variedade de vinte pratos frios e quentes por apenas dez reais. Ao analisar as condições propostas, você julga que o preço é realmente atrativo, levando em conta a diversidade ofertada, e formula suas expectativas iniciais com base nisso. Se o restaurante realmente disponibilizar a diversidade prometida, oferecendo comida apetitosa e bom atendimento, podemos dizer que suas expectativas iniciais foram confirmadas e você ficou satisfeito. Agora, se esse restaurante mantivesse essa mesma oferta de pratos, porém ao preço de trinta reais por pessoa, suas expectativas iniciais já não seriam as mesmas, não é mesmo? O preço mais alto tende a elevar também a expectativa inicial dos consumidores, que passam a esperar mais da transação a ser realizada.

1.2.2.2 A perspectiva de *qualidade*

Quanto à qualidade, ela diz respeito à **performance geral** da organização, caracterizada como de longo prazo e cumulativa. Isso quer dizer que a qualidade se refere à visão que o cliente constrói ao longo do tempo em relação à empresa, a qual decorre de um somatório dos resultados de sucessivos encontros (Hoffman et al., 2010).

Dessa forma, podemos entender que a satisfação atualiza as percepções que os clientes têm da qualidade, na medida em que eles vão progressivamente sintetizando comparações entre suas expectativas iniciais e aquilo que receberam em cada encontro adicional.

Vamos supor, por exemplo, que um consumidor, ao contrapor suas expectativas iniciais ao que de fato recebeu, ficou satisfeito nas várias transações que realizou com certa organização. Podemos inferir, a partir de tal informação, que a visão desse consumidor, por acumular várias experiências satisfatórias, é de que também a organização tem qualidade.

1.3 Abordagens da qualidade

Segundo Garvin (2002), a qualidade apresenta cinco dimensões conceituais:
1. transcendente;
2. baseada no produto;
3. baseada na produção;
4. baseada no usuário;
5. baseada no valor.

Vamos analisar cada uma delas, separadamente.

1.3.1 Abordagem transcendente

A abordagem transcendente propõe que a qualidade é uma condição de **excelência inata**, absoluta e universalmente reconhecível. Está estreitamente ligada à busca constante pela superação dos padrões delimitados pela organização.

Essa abordagem defende que a qualidade não pode ser definida com precisão, já que consiste em uma propriedade simples, não passível de análise. Nessa linha de pensamento, Pirsig, citado por Caravantes (2000, p. 79), argumenta que a "qualidade não é uma ideia ou uma coisa concreta, mas uma terceira entidade independente das duas; embora não se possa definir qualidade, sabe-se o que ela é".

Devemos ter em mente, porém, que uma dificuldade decorrente dessa abordagem é a carência de orientação prática: se não se define o que é qualidade, tampouco se pode estipular o que a organização busca e o que fará para obtê-la.

Como exemplo da abordagem em questão, podemos mencionar os relógios suíços, notoriamente reconhecidos, em escala mundial, por seu alto desempenho e reputação.

1.3.2 Abordagem baseada no produto

A abordagem baseada no produto considera que a qualidade é uma variável precisa e mensurável, que decorre dos **atributos do produto**. Trata-se, portanto, de uma abordagem bastante objetiva, uma vez que defende a existência de uma correspondência direta entre as particularidades de um produto e sua qualidade.

Sob esse prisma, possíveis variações de qualidade decorrem de diferenças quantitativas entre um ou mais aspectos desejáveis do produto. Isso significa que, de acordo com essa abordagem, algumas características ou elementos conseguem incrementar (ou reduzir) a qualidade do item. Nesse sentido, Leffler (1982) argumenta que qualidade diz respeito às quantidades de atributos sem preço disponíveis em cada unidade do atributo com preço.

Aplicando essa abordagem à categoria de produtos alimentícios, por exemplo, doces que oferecem cobertura ou recheio extra seriam entendidos como dotados de mais qualidade.

1.3.3 Abordagem baseada na produção

A terceira abordagem, baseada na produção, considera que a qualidade decorre da **conformidade** obtida no processo produtivo, ou seja, de até que ponto se conseguiu, de fato, cumprir as especificações previamente estipuladas. Tal posicionamento é corroborado por Gilmore (1974), autor segundo o qual a qualidade é o grau em que determinado produto se apresenta de acordo com um projeto ou especificação.

Como podemos notar, essa abordagem prega a preocupação com a oferta – em especial com o processo produtivo, seus métodos e os resultados obtidos. No caso da produção por projeto, por exemplo, exige-se maior adaptação da organização às demandas do consumidor, de modo a entregar exatamente aquilo que foi pedido no projeto, da maneira solicitada. O cumprimento dos prazos acordados e a entrega do produto final conforme o combinado previamente são objetivos buscados pela abordagem baseada na produção.

1.3.4 Abordagem baseada no usuário

Indo um pouco além, a abordagem baseada no usuário defende que a qualidade decorre da **adequação do produto ao uso** do consumidor. Ou seja, ao contrário da abordagem anterior, a baseada no usuário concentra-se na demanda.

Nesse caso, a qualidade é vista como uma variável subjetiva, avaliada de acordo com a percepção do consumidor em relação às suas expectativas e necessidades. Assim, a qualidade se configura como um reflexo das preferências do consumidor. Conforme defendem Kuehn e Day (1962), na análise final do mercado, a qualidade de determinado produto depende de até que ponto ele se ajusta ao mercado consumidor, às suas expectativas e aos seus padrões de preferência.

Diante da tendência *fitness* e da necessidade de adotar hábitos alimentares mais saudáveis, um produto que atenda a essas demandas pode ser inferido como de melhor qualidade, como no caso de um refrigerante rico em fibras.

1.3.5 Abordagem baseada no valor

Por fim, a abordagem baseada no valor defende que a qualidade resulta de uma análise da relação **custo-benefício** por parte do consumidor, ou seja, cabe a ele calcular o que ganhará com o uso de determinado produto em contraposição ao preço que terá de pagar por esse mesmo produto. Isso significa que, para ser avaliado como "de qualidade", não basta que o produto atenda às necessidades do consumidor, ele também precisa ter um preço justo. Nesse sentido, Broh (1982) evidencia que a qualidade consiste no grau de excelência oferecido a um preço acessível.

Por esse motivo, mesmo produtos que têm um preço mais elevado, como os *smartphones* mais novos do mercado, são sucesso de venda e público, pois o alto preço cobrado seria justificado pelos benefícios que o produto consegue agregar.

Fique atento!

A abordagem transcendente defende que a qualidade é uma condição de **excelência inata**, absoluta e universalmente reconhecível.

A abordagem baseada no produto, por sua vez, considera que a qualidade é uma variável precisa e mensurável, que decorre dos **atributos do produto**, sendo, assim, bastante objetiva.

Em consonância com ela, a abordagem baseada na produção acredita que a qualidade decorre da **conformidade** obtida no processo produtivo, do grau em que se conseguiu de fato cumprir as especificações previamente estipuladas.

Em outra vertente, a abordagem baseada no usuário defende que a qualidade decorre da **adequação do produto ao uso** do consumidor, sendo, assim, subjetiva.

Seguindo também essa linha, a abordagem baseada no valor sustenta que a qualidade é resultado de uma análise do **custo-benefício** por parte do consumidor, que faz uma avaliação de seus ganhos e custos.

1.4 Dimensões da qualidade

A qualidade pode ser desdobrada em oito dimensões, que são os elementos básicos ou categorias que a constituem: desempenho, características, confiabilidade, conformidade, durabilidade, atendimento, estética e qualidade percebida.

- **Desempenho** – Refere-se às funções operacionais básicas de cada produto. No caso da produção de bens, podemos citar como exemplos o sistema de som de um rádio ou a imagem de uma televisão e, no caso da prestação de serviços, o atendimento rápido de uma rede de *fast-food*.

- **Características** – São funções secundárias de um produto, consideradas como complementares ao seu funcionamento básico; são popularmente chamadas de "adereços". Podemos tomar como exemplos, no caso da oferta de bens, os acessórios automobilísticos e, no da prestação de serviços, a disponibilização de lanches durante as viagens aéreas.

- **Confiabilidade** – Reflete a probabilidade de ocorrência de defeitos ou de mau funcionamento em um produto. Telas de celulares que trincam facilmente e ônibus de viações rodoviárias que apresentam problemas no motor, por exemplo, falham no aspecto da confiabilidade.

- **Conformidade** – Refere-se à fidelidade do produto final com relação aos padrões previamente estipulados. O tamanho e as proporções dos produtos moveleiros e a entrega de uma obra no prazo correto, por exemplo, indicam o aspecto da conformidade.

- **Durabilidade** – Diz respeito à vida útil de um produto, ou seja, ao seu prazo de utilização até que necessite ser substituído ou reparado. As lâmpadas elétricas, por exemplo, apresentam uma vida útil limitada e previamente estipulada.

- **Atendimento** – É a dimensão que caracteriza o relacionamento da organização com seu consumidor, principalmente em se tratando de rapidez, cortesia e facilidade para reparar ou substituir determinado produto, caso necessário. O serviço de atendimento ao consumidor (SAC) e a gestão de reclamações são exemplos de ações diretamente ligadas ao atendimento.

- **Estética** – Está intimamente ligada ao julgamento pessoal e às preferências de cada consumidor. Sabor, cor, som, cheiro e gosto são exemplos de características ligadas a essa dimensão.
- **Qualidade percebida** – Consiste na opinião ou avaliação subjetiva que o consumidor faz acerca do produto, de acordo com suas próprias referências.

Por refletirem aspectos específicos do produto, as dimensões *desempenho*, *características* e *durabilidade* refletem a preocupação de uma abordagem baseada no produto. Por outro lado, como as dimensões *estética* e *qualidade percebida* decorrem de uma avaliação subjetiva por parte dos consumidores, elas refletem a abordagem baseada no usuário. Já as dimensões *conformidade* e *confiabilidade* dizem respeito ao processo de produção, refletindo, assim, uma abordagem centrada na produção.

1.5 Objetivos da qualidade

Depois de estudar a evolução da qualidade, suas abordagens e suas dimensões, você pode estar se perguntando: mas, afinal, para que serve a qualidade? Responderemos a essa pergunta identificando quais são os objetivos que a gestão de qualidade visa atingir:

- proporcionar conformidade tanto à produção de bens quanto à prestação de serviços, assegurando que tudo saia de acordocom o padrão e as especificações requeridas;
- otimizar os processos organizacionais, potencializando a identificação de possíveis falhas e possibilitando a minimização ou mesmo a eliminação dos erros;
- diminuir a necessidade de retrabalho e demais desperdícios, reduzindo, assim, os custos associados a eles;
- incentivar o constante treinamento e a capacitação dos funcionários, com vistas ao melhoramento contínuo do funcionamento organizacional;
- estreitar o relacionamento da organização com seus consumidores, no intuito de conhecer o que o mercado está buscando e trabalhar para aperfeiçoar a relação custo-benefício dos produtos ofertados;
- promover o controle e a avaliação contínuos do desempenho organizacional, tendo em vista possíveis ações de manutenção ou propostas de revisões e adaptações;
- manter a flexibilidade da organização, promovendo ajustes e adaptações constantes, quando necessário.

Cabe pontuar que os objetivos elencados não são exaustivos, mas sugestivos. A lista pode – e deve – ser complementada de acordo com o contexto de atuação de cada organização, seus propósitos e suas necessidades.

1.6 Funções estratégicas da qualidade

A estratégia é um modo de se atingirem objetivos de longo prazo, o que é almejado por todas as organizações e trabalhado de forma conjunta e coordenada. Uma vez que a qualidade é vista sob uma perspectiva de negócios, ela se torna fator mandatório para que se disponha de competitividade organizacional.

Entre diversos exemplos de funções estratégicas da qualidade nas organizações, alguns que nos parecem mais importantes são os seguintes: mudar a mentalidade organizacional, criando uma cultura voltada à melhoria contínua das práticas, dos processos e das posturas individuais e organizacionais; proporcionar vantagem competitiva ao estipular um patamar de excelência na atuação da empresa; garantir a satisfação dos consumidores e gerar uma percepção positiva acerca da prática organizacional adotada por ela.

■ Síntese

A gestão da qualidade deixou de ser um processo pontual, analisado apenas ao término da produção, como parte do papel exercido pela inspeção, e passou a ser concebida como uma perspectiva de negócios para as organizações que querem atuar de forma competitiva perante o mercado consumidor. Pensar a qualidade de forma sistêmica, levando-se em consideração a cadeia de valor como um todo, torna-se, assim, fator mandatório para a sustentação de quaisquer vantagens competitivas.

A qualidade pode ser encarada sob diversas abordagens e analisada segundo suas oito dimensões. Entretanto, mais importante que analisar isoladamente cada uma delas, é necessário que as organizações adotem orientações múltiplas em relação à qualidade, adaptando-as conforme suas características e as especificidades do seu contexto de atuação.

Exercícios resolvidos

1. (FCC – 2014 – TCE-GO) São dimensões da qualidade como ferramenta estratégica, EXCETO:
    a. Características oferecidas pelo produto ou serviço e serviços de pós-venda.
    b. Desempenho e durabilidade esperados pelos clientes.
    c. Probabilidade de um produto falhar e reputação da instituição.
    d. Redução de custos com retrabalho e inspeções.
    e. Estética e conformidade com as especificações planejadas.

    Resolução: d.

2. (Cespe – 2010 – Inmetro) De acordo com a ótica da gestão de qualidade total, qualidade consiste:
    a. na busca da perfeição com a finalidade de agradar clientes cada vez mais conscientes.
    b. em um termo com um único sentido, pois tanto quem produz determinado bem quanto quem o consome devem enxergar a qualidade da mesma forma.
    c. na busca constante do processo perfeito, mesmo que isso resulte no aumento do retrabalho.
    d. em uma visão objetiva acerca das expectativas do cliente quanto às características do bem de consumo.
    e. na visão de agentes de regulação, consumidores, produtores e trabalhadores.

    Resolução: a.

■ Questões para revisão

1. Sobre a concepção de qualidade sob o ponto de vista do consumidor, explique qual a diferença entre satisfação e qualidade.

2. (Funrio – 2010 – Sebrae-PA) A análise da variabilidade dos componentes da produção, buscando a distinção das variações aceitáveis das flutuações que indiquem problemas, é uma característica de qual etapa da história da qualidade?
    a. Controle estatístico da Qualidade.
    b. Era da Inspeção.
    c. Garantia da Qualidade.
    d. Qualidade Total.
    e. Melhoria Contínua da Qualidade.

3. (Cespe – 2010 – Inmetro) A qualidade que existe de forma objetiva e concreta e que pode ser avaliada e mensurada por meio da comparação com os padrões e as especificações deve ser definida como:
   a. qualidade extrínseca.
   b. qualidade intrínseca.
   c. qualidade embasada no *kanban*.
   d. qualidade transcendente.
   e. círculo de controle da qualidade.

4. (Cesgranrio – 2011 – Petrobras) A adequação às normas e às especificações que regulam a elaboração de um produto pode ser medida pela quantidade de defeitos ou de peças fora de especificação que o processo de produção apresenta. O elemento de qualidade mencionado acima é denominado:
   a. confiabilidade.
   b. conformidade.
   c. durabilidade.
   d. qualidade assegurada.
   e. qualidade garantida.

5. Para que serve a qualidade?

■ Questões para reflexão

Com base nos ensinamentos apresentados neste capítulo, tome como referência um produto qualquer – de preferência que você conheça bem e utilize com frequência – e responda:

1. Você consegue identificar as oito dimensões da qualidade nesse produto?
2. Após a compra e o consumo desse produto (bem ou serviço), você diria que ficou satisfeito? Para você, trata-se de um produto de qualidade?

■ Para saber mais

GARVIN, D. A. **Gerenciando a qualidade**: a visão estratégica e competitiva. Rio de Janeiro: Qualitymark, 2002.

Para que você possa aprofundar-se nos conceitos gerais da qualidade, indicamos a obra Gerenciando a qualidade, *de David A. Garvin, considerado como um dos gurus da área. Trata-se de uma das principais e mais referenciadas obras no campo de estudo em questão. O autor apresenta uma contextualização geral do tema, examinando como evoluiu historicamente até assumir a concepção atual. Ao longo do livro, são abordados aspectos diversos, como a perspectiva, os objetivos e as ferramentas da qualidade.*

Fique atento!

O MPE Brasil é um prêmio de competitividade para micro e pequenas empresas realizado anualmente pelo Serviço Brasileiro de Apoio às Micro e Pequenas Empresas (Sebrae), pelo Movimento Brasil Competitivo (MBC) e pela Gerdau, contando, ainda, com o apoio técnico da Fundação Nacional da Qualidade (FNQ). O número de organizações que concorrem a ele aumenta a cada ano, o que comprova sua relevância no meio. Os principais quesitos avaliados nas organizações para essa premiação são a qualidade e a capacidade de inovar, fato que ressalta a temática abordada neste livro.

Fonte: Elaborado com base em Zuini, 2016.

2
Qualidade, custo e preço

Conteúdos do capítulo:
- *Custo × qualidade.*
- *Classificação dos custos da qualidade.*
- *O custo da insatisfação do consumidor.*
- *Preço × qualidade.*

Após o estudo deste capítulo, você será capaz de:
1. *entender o paradigma custo × qualidade;*
2. *identificar os custos da qualidade, em que eles consistem e como são classificados;*
3. *apreender a extensão da temática dos custos da qualidade, não só quantitativos, mas também qualitativos;*
4. *analisar a correlação entre as variáveis preço e qualidade e o paradoxo do preço sob o ponto de vista do consumidor.*

TAÍS PASQUOTTO ANDREOLI

Neste capítulo, abordaremos a gestão da qualidade, considerando sua relação com os custos organizacionais e também com o preço. Nesse sentido podemos questionar: Será que realmente existe um *trade-off* entre qualidade e custo? Ou seja, a organização deve obrigatoriamente optar entre boa qualidade ou baixo custo? Quais são os custos relacionados à qualidade e à falta dela? E com relação ao preço? Produtos de qualidade têm de ser vendidos necessariamente a preços mais elevados? Trataremos dessas questões no decorrer deste capítulo.

2.1 Custo × qualidade

É grande a discussão acerca da qualidade e dos custos envolvidos em sua obtenção. Muitas pessoas abordam esse assunto considerando-o em termos de um *trade-off* produtivo: ou se opta por baixos custos produtivos, repassando-os como preços mais acessíveis ao mercado consumidor, ou se prioriza a qualidade dos produtos ofertados. Entretanto, conforme mostraremos neste capítulo, trata-se de uma concepção equivocada.

Fique atento!

O termo de língua inglesa *trade-off* significa "troca" e, frequentemente, como ocorre aqui, é empregado em referência a "decisões conflitantes". Ou seja, diante de um processo decisório, quando se opta por determinado caminho, consegue-se colher as recompensas decorrentes da opção por esse percurso, mas, em troca, elimina-se a possibilidade de escolher outra via e, como consequência, de usufruir dos benefícios que essa outra decisão poderia trazer.

Os custos da qualidade estão associados à produção, à identificação, à prevenção ou à correção de bens e serviços que não atendam aos requisitos estipulados no planejamento. Também é comum que se utilize a expressão *custos da não qualidade*, que se refere aos gastos associados à falta de conformidade e de adequação ao uso de alguns produtos. Os custos de não qualidade geralmente estão relacionados a erros e/ou falhas no processo produtivo de bens e na prestação de serviços, acarretando desperdícios (de tempo, atividades, materiais, mão de obra etc.) e prejuízos para a organização.

Para Crosby (1994), contudo, quando falamos em *custos da qualidade*, o correto é pensarmos tanto nos gastos envolvidos para obter e manter a qualidade dos produtos quanto nas despesas decorrentes da falta de qualidade desses produtos. Nesse sentido, Townsend (1991, citado por Wernke, 2000) defende que não é a qualidade que é custosa e dispendiosa, mas a falta dela, já que os custos para atingi-la são muito menores se comparados aos obervados quando ela não é alcançada.

2.1.1 Classificação dos custos da qualidade

Existem duas formas distintas de classificar os custos da qualidade. A primeira enfatiza o processo, detendo-se sobre os **custos de conformidade** e de **não conformidade**. A segunda é mais abrangente e classifica os custos em dois grupos principais: os de **controle**, que, por sua vez, se subdividem em custos de prevenção e de avaliação, e os de **falhas no controle**, que se subdividem em falhas internas e externas. Vamos analisar cada uma dessas categorias.

Fique atento!

Podemos classificar os custos da qualidade de duas formas: os custos de conformidade e de não conformidade, quando relacionados ao processo produtivo, e os custos de controle e de falhas no controle, que têm um âmbito mais abrangente.

2.1.1.1 Custos de conformidade e de não conformidade

Os **custos de conformidade** são aqueles associados à elaboração e à entrega de bens e serviços **segundo as especificações de qualidade estipuladas previamente**. Ou seja, são investimentos aplicados ao processo produtivo para que a produção atinja o mínimo de qualidade esperado e considerado aceitável pela organização.

Os **custos de não conformidade**, por outro lado, estão relacionados à **ineficiência dos processos**, ou seja, devem-se à produção que não atinge o padrão previamente definido pela organização. Esses gastos são geralmente contabilizados em termos de desperdício de materiais, seja no que diz respeito às matérias-primas empregadas, seja no tocante aos produtos em transformação, seja, ainda, no que se refere aos produtos acabados, além da mão de obra e da capacidade produtiva canalizadas no processo.

Essa classificação permite uma análise mais detalhada acerca do processo produtivo das organizações. Se os custos de conformidade estiverem muito elevados, isso provavelmente significa que o processo deve ser analisado, para que se possa repensar e, se necessário, redesenhar uma ou mais de suas etapas, a fim de que se possa torná-las mais eficientes e, assim, aumentar o índice de conformidade da linha de produção.

Em contrapartida, se forem os custos de não conformidade que estiverem muito elevados, devemos inferir que é preciso identificar os pontos problemáticos, geradores de não conformidade, e pôr em marcha o desenvolvimento e a incorporação de possíveis ações de melhoria, de modo a reduzir ou mesmo corrigir esses pontos falhos.

2.1.1.2 Custos de controle e de falhas de controle

Feingenbaum (citado por Carvalho; Paladini, 2012) propôs que, primeiramente, os custos da qualidade deveriam ser divididos em dois grupos principais: custos de controle e custos de falhas no controle. Os **custos de controle** devem-se aos investimentos de **caráter preventivo**, empregados no sentido de obter a qualidade, enquanto os **custos de falhas no controle** têm **caráter corretivo**, pois são alocados a fim de corrigir possíveis erros ou desvios em relação ao padrão de qualidade aceitável pela organização.

Detalhando um pouco mais esse pensamento, Juran e Gryna (1991) propõem uma classificação dos custos da qualidade em quatro categorias específicas:

1. custos de prevenção;
2. custos de avaliação;
3. custos de falhas internas;
4. custos de falhas externas.

Relacionando a proposição de Juran e Gryna (1991) à de Feingenbaum (citado por Carvalho; Paladini, 2012), podemos notar que os custos de prevenção e de avaliação enquadram-se nos custos de controle (preventivos), ao passo que os de falhas internas e falhas externas constituem os custos de falhas no controle (corretivos).

Os **custos de prevenção** envolvem todos aqueles relacionados ao esforço de acertar na primeira vez, de evitar a ocorrência de defeitos. Estão vinculadas a esses gastos as atividades de planejamento, engenharia da qualidade, desenvolvimento de novos produtos, controle de processo, treinamento, aquisição e análise de dados da qualidade, calibração e manutenção preventiva de equipamentos, entre outros (Souza; Collaziol, 2006).

Os **custos de avaliação** englobam todos aqueles associados às atividades de análise, mensuração e avaliação das características que compõem a qualidade dos produtos, assim como a dos componentes ou dos materiais utilizados, tendo em vista sua conformidade com os padrões assumidos. São exemplos desses custos as despesas com mão de obra, com equipamentos de teste e com a realização de inspeção (Souza; Collaziol, 2006).

Os **custos das falhas internas** decorrem da falta de conformidade dos produtos com relação às especificações e aos padrões previamente estipulados, acarretando falhas que são verificadas internamente, ou seja, que são descobertas antes da oferta e da comercialização do produto no mercado consumidor. Incluem-se aqui os gastos com recuperação, perda de materiais e retrabalho, bem como com os atrasos e gargalos da linha produtiva.

Os **custos das falhas externas** também acontecem em virtude da falta de conformidade dos produtos, mas, em contrapartida, são contabilizados quando os produtos já foram entregues e consumidos pelo mercado. Portanto, enquadram-se como custos de falhas externas aqueles relacionados à eventual devolução e substituição dos produtos, ao atendimento e ao relacionamento com o consumidor reclamante (serviço de pós-venda), à assistência técnica e à política de garantia.

Fique atento!

Um *recall* é uma convocação feita por uma organização para que os proprietários de determinado produto busquem a substituição ou reparação de um ou mais componentes defeituosos, sem que lhes seja imputado ônus. Esse é um direito previsto pelo Código de Defesa do Consumidor.

Quadro 2.1 – Custos da qualidade e atividades associadas

Custos totais da empresa			Custos totais da qualidade			
			Prevenção	Avaliação	Falhas internas	Falhas externas
Fabricação	Produção	Insumos	•	•	•	
		Mão de obra	•	•	•	○
		Equipamento e tecnologia	•	•	•	
	Indiretos	Engenharia	•	○	○	
		Projeto	•	•	•	○
		P&D	•	•	○	
		Controle de produção	○	•	•	○
		Manutenção	•	○	•	•
		Gastos de apoio	○		○	•
Comercialização	Marketing		○		○	•
	Vendas					•
	Distribuição				○	•
Outros	Impostos		○	○	○	○
	Aluguéis					
	Energia		•	•	○	○
Legenda • Fortemente relacionado ○ Fracamente relacionado						

Fonte: Adaptado de Barçante, 2009, p. 11.

Os custos de prevenção e avaliação são considerados inevitáveis, ou seja, são vistos como investimentos necessários à atuação organizacional. Nesse sentido, esses gastos compõem os custos da qualidade, pois são diretamente responsáveis pela conformidade e pela adequação dos produtos finais da organização.

Em contrapartida, os custos com falhas internas e externas, por serem decorrentes da falta de qualidade dos produtos, são considerados evitáveis, podendo e devendo ser controlados e diminuídos.

Quadro 2.2 – Classificação dos custos da qualidade

Grupo principal	Características	Subdivisão
Custos de controle	• Considerados custos de qualidade, são inevitáveis e de caráter preventivo. • Assemelham-se aos custos de conformidade.	• Custos de prevenção • Custos de avaliação
Custos de falhas no controle	• Considerados custos de não qualidade, são evitáveis e de caráter corretivo. • Assemelham-se aos custos de conformidade.	• Custos de falhas internas • Custos de falhas externas

De maneira geral, podemos dizer que, nas organizações, os custos de controle (prevenção e avaliação) são menores que os custos de falhas no controle (internas e externas) (Barçante, 2009). Isso significa que é muito mais oneroso errar do que se esforçar para fazer certo da primeira vez, conforme apontamos anteriormente com base no argumento de Townsend (1991, citado por Wernke, 2000).

Mais do que isso, podemos afirmar sem margem a dúvidas que um investimento nos custos de controle, ou seja, naqueles que decorrem de se dedicarem maior atenção e preocupação organizacionais à detecção prévia e à prevenção de possíveis problemas, diminui consideravelmente os custos de falhas no controle, tanto internas quanto externas. Assim, mesmo que investir nas atividades de prevenção e avaliação signifique aumentar os custos relacionados a isso em um primeiro momento, consegue-se, como consequência, diminuir vantajosamente os gastos com falhas internas e externas, reduzindo, assim, o custo total da qualidade.

O Gráfico 2.1 ilustra como isso acontece. A primeira coluna representa uma situação inicial em que há gastos pequenos com prevenção e avaliação, porém um custo muito maior com falhas internas e externas. Em um segundo momento, porém, embora haja um investimento dobrado em atividades de prevenção e avaliação e as despesas vinculadas a isso tenham aumentado, os gastos com falhas internas e externas diminuem significativamente. Como consequência, mesmo com o aumento no investimento, obtém-se um custo total menor do que anteriormente.

Gráfico 2.1 – Custos de qualidade

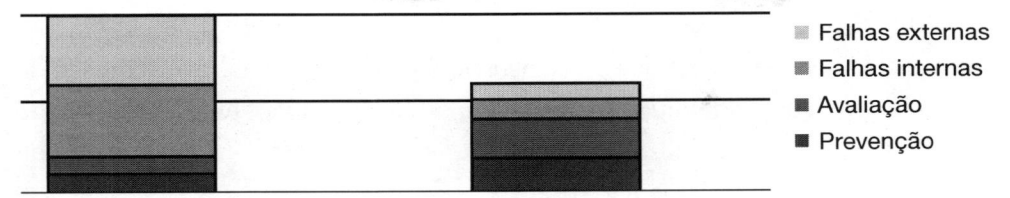

- Falhas externas
- Falhas internas
- Avaliação
- Prevenção

Fonte: Adaptado de Barçante, 2009, p. 10.

2.1.1.3 O custo da insatisfação do consumidor

Existem, ainda, outros custos que não são enquadrados pela literatura nas categorias abordadas anteriormente. O principal deles diz respeito à problemática da **insatisfação e consequente perda do consumidor**. Esse custo geralmente é muito difícil de ser mensurado quantitativamente, motivo pelo qual é concebido, com mais frequência, como um custo qualitativo. Nessa discussão, existem diversos fatores a serem considerados. Vamos abordar sucintamente alguns deles.

Dica: Para relembrar o conceito de *satisfação* e suas particularidades no que diz respeito à qualidade, retome a leitura do primeiro capítulo – "Introdução à qualidade".

O grande problema decorrente da insatisfação dos consumidores é que ela pode, em última instância, formalizar-se em reclamações registradas (Andreoli; Veloso; Toledo, 2015). Formalizar uma queixa, cabe lembrar, exige bastante empenho por parte do reclamante, visto que não se trata de um processo fácil, além da demandar recursos como tempo, esforço físico, desgaste psicológico e, por vezes, até dinheiro (Zeithaml; Bitner, 2003). Assim, podemos afirmar que, quando um consumidor acaba por registrar uma reclamação, há, por trás dessa ação, um engajamento maior, um fator motivador dominante, em geral decorrente de uma fonte de insatisfação mais grave, que induziu esse consumidor a se manifestar (Andreoli; Veloso; Toledo, 2015).

Alguns autores afirmam que esse dado costuma ser minimizado pelo agravante de que muitos dos consumidores que se sentem lesados ou não ficam satisfeitos com um produto ou uma empresa geralmente não chegam a registrar uma reclamação formal (Singh; Wilkes, 1996). Dados apontam que nem 10% dos consumidores chegam a esse ponto (Lovelock; Wirtz, 2007) e que apenas 38% costumam reclamar com frequência (FGV, 2017). Entretanto, principalmente no atual contexto de uso das mídias sociais, são muitos os consumidores insatisfeitos que compartilham suas experiências problemáticas de compra e consumo com seus amigos e conhecidos.

> **Fique atento!**
> Existem *sites* alternativos nos quais o consumidor pode registrar sua reclamação de forma gratuita e que exigem uma resposta da organização dentro de determinado prazo, geralmente uma semana. O portal <consumidor.gov.br> registrou mais de 2,7 milhões de reclamações no ano de 2016.
>
> Para saber mais, acesse: <www.brasil.gov.br/cidadania-e-justica/2017/03/reclamacoes-de-consumidores-chegam-a-2-7-milhoes-em-2016>.

Em todo caso, ao divulgar uma reclamação, formal ou informalmente, além de firmar e evidenciar uma opinião (muitas vezes publicamente) em relação à empresa que motivou sua insatisfação, o consumidor também mantém altas expectativas de retorno, que compensem o esforço empregado. Uma queixa não atendida produz, portanto, um efeito duplamente insatisfatório: primeiramente, em razão da falha inicial da organização; em segundo lugar, pelo não atendimento e a não solução dos problemas apontados (Andreoli; Veloso; Toledo, 2013, 2015).

O que, então, a organização deve fazer diante de uma situação dessas? Fernandes e Santos (2006) entendem que, ao registrar uma reclamação, o cliente oferece à empresa uma oportunidade de reparar as falhas de seu negócio e redimir sua credibilidade perante ele. Ou seja, diante de uma queixa dessas, a organização tem a chance de remediar seu produto ou serviço e também de recuperar o cliente (Andreoli; Veloso; Toledo, 2015). Nesse sentido, dados apontam que, quando satisfatoriamente atendidos, mais ou menos 80% dos consumidores reclamantes voltam a fazer negócios com a empresa (Johnston; Michel, 2008).

Além disso, se considerarmos os custos necessários para atrair novos clientes, podemos afirmar que estes são muito mais elevados do que os envolvidos para reter os atuais consumidores (Zeithaml; Bitner; Gremler, 2014). Logo, é mais vantajoso para as organizações, tanto em termos financeiros quanto no que diz respeito aos esforços envolvidos, manter o público já consumidor do que tentar atrair e conquistar novos clientes.

Isso acontece porque, primeiramente, a organização não precisa empenhar-se, a cada nova transação, para convencer alguém a efetuar uma compra, evitando, assim, os esforços e custos envolvidos nesse processo. Em segundo lugar, em geral, o público já consumidor, por sentir maior familiaridade com a empresa e mais segurança em relação a ela, tende a efetuar compras com mais frequência e a adquirir produtos de maior valor, gerando mais lucratividade para quem vende (Zeithaml; Bitner; Gremler, 2014).

Para esclarecermos como isso de fato acontece na prática, vamos considerar um exemplo corriqueiro. Imagine que você precisa comprar alguns produtos para reformar sua casa – portanto, será uma compra de valor elevado e que provavelmente demandará mais de uma visita à loja. Você, como consumidor, preferiria realizar essas transações com uma empresa desconhecida, da qual tomou conhecimento ontem, por meio de uma propaganda, ou com um estabelecimento que já conhece e no qual já comprou anteriormente?

É fácil notar, com base no que vimos, que as reclamações constituem um importante mecanismo de **feedback** para as organizações e por isso devem ser encaradas como potenciais fontes de informações, que possibilitam corrigir seus problemas de mercado (Zairi, 2000; Andreoli; Veloso; Toledo, 2015). Isso significa que as reclamações possibilitam que a organização, além de corrigir falhas isoladas, compensando assim os consumidores insatisfeitos, repense os seus procedimentos, tomando medidas que evitem a perpetuação do mesmo erro (Nyer, 2000; Andreoli; Veloso; Toledo, 2015).

Fique atento!

Feedback significa "retroalimentação" ou "retorno", ou seja, o ato de pegar informações que ficaram disponíveis ao término de cada processo e com elas alimentar novamente a produção, fazendo a manutenção e corrigindo eventuais falhas antes do início de um novo processo.

Nesse sentido, ao corrigir uma falha apontada por algum consumidor reclamante, a empresa pode estar, no final das contas, remediando uma causa de insatisfação de muitos outros clientes que não chegaram a formalizar uma reclamação (Andreoli; Veloso; Toledo, 2015). Dessa forma, a organização age para cativar e conservar os clientes.

Segundo os autores, apesar de se tratar de uma questão importante, são poucas as empresas que se dedicam a implantar políticas eficazes para gerenciar as reclamações recebidas, optando, muitas vezes, por ignorar as possíveis queixas dos consumidores, em vez de disponibilizar um canal de atendimento que incentive a comunicação (Battaglia; Borchardt, 2010). Além disso, muitas organizações encaram queixas por parte dos clientes como ataques gratuitos, o que acaba prejudicando a possibilidade de remediar o problema que gerou a insatisfação do consumidor.

2.2 Preço × qualidade

Outra forma de pensar a qualidade é considerar sua relação com o preço cobrado pelos produtos. Sob uma ótica econômica, a qualidade e o preço apresentam uma **correlação positiva** (Garvin, 2002). Isso significa que, de maneira geral, produtos com qualidade superior deveriam ter um preço mais alto, em razão do custo mais elevado de produção, seja em virtude da exigência de mão de obra mais qualificada, de matérias-primas de melhor qualidade, da maior complexidade operacional, seja em decorrência da consequente necessidade de investir mais capital no processo como um todo.

Na visão do *marketing*, essa lógica também se aplica. As organizações buscam cada vez mais aprimorar a qualidade de seus bens e serviços no intuito de melhorar a percepção dos consumidores acerca dos benefícios ofertados e, assim, conseguir cobrar mais por isso. Trata-se da melhoria e do aproveitamento da relação custo-benefício: ao proporcionar maior qualidade (benefício), cria-se uma margem para que se possa cobrar mais por ela (custo).

2.2.1 Paradoxo do preço

Também é interessante ressaltar que, do ponto de vista do consumidor, podemos identificar uma contradição em relação ao valor cobrado; trata-se de um conceito denominado de *paradoxo do preço*. Os consumidores, de modo geral, querem pagar pouco pelos produtos que vão comprar – afinal, quem quer gastar dinheiro se não for absolutamente necessário, não é mesmo? Entretanto, ainda que haja uma busca geral pelo melhor preço, itens de valor muito baixo comumente são avaliados como de menor qualidade. Um bom exemplo disso são os produtos de marcas próprias, como os ofertados pelos grandes varejistas (Carrefour, Dia, entre outros). Esses produtos, na verdade, têm um preço menor quando comparados ao dos concorrentes em razão de uma série de vantagens relacionadas à sua comercialização, as quais acarretam custos menores (Andreoli et al., 2012).

Por outro lado, produtos de valor mais elevado são vistos como de melhor qualidade – mas isso não significa necessariamente que serão comprados pelo consumidor que os julga melhores. Vamos tomar como exemplo a empresa Nike, que adota a prática de impor preços mais elevados. Por mais que uma pessoa considere que sua linha de artigos esportivos é de ótima qualidade, pode optar por não adquirir nenhum item dessa marca, se sua avaliação da relação custo-benefício concluir que a linha da empresa Topper é, genericamente, mais atrativa.

Em termos gerais, podemos resumir o paradoxo do preço da seguinte forma: o consumidor busca produtos com preços menores, mas, contraditoriamente, julga-os como sendo de menor qualidade; por outro lado, produtos com preços mais altos denotam qualidade superior, mas, também de maneira contraditória, não são necessariamente comprados e consumidos.

■ Síntese

Pensar em qualidade nos dias atuais não é só uma questão vantajosa para as organizações, mas também uma prática mandatória para a competitividade. Isso acontece, primeiramente, em virtude da vantagem econômica de se investir em qualidade, pois essa medida reduz ou mesmo elimina os custos com processos e produtos considerados sem qualidade (além de também minimizar, como consequência, os esforços e custos relacionados à correção e à reparação dos resultados indesejados). Além disso, melhora-se também o desempenho da empresa em termos qualitativos, pois, ao trabalhar para conseguir a satisfação dos consumidores, a instituição reduz a problemática das reclamações.

Levando-se isso em conta, é possível afirmar que os gastos com qualidade devem ser considerados um investimento, e não um mero custo organizacional. A organização deve, portanto, buscar a melhoria contínua, repensando e gerenciando processos e práticas pautados pela busca de qualidade de maneira constante.

Exercícios resolvidos

1. Se uma empresa optar por realizar correções esporádicas em sua linha de produção, analisando os produtos ao término do ciclo produtivo, em qual custo de qualidade ela estará incorrendo? É possível afirmar que ela adota um modelo de gestão pautado por custos de controle?

   Resolução: Como apontado anteriormente, os custos considerados evitáveis, que têm caráter corretivo, são classificados como custos de falhas no controle. Dessa forma, considerando o que foi exposto, podemos afirmar que a organização não adota um modelo de gestão baseado em custos de controle (que se baseia na prevenção), mas um modelo baseado em custos de falhas no controle, ou, em outras palavras, em custos de não qualidade.

2. (Cesgranrio – 2010 – Eletrobras) Em um debate sobre os custos da qualidade, um grupo de administradores chegou à correta conclusão de que:
   a. a curva de custo total da qualidade é composta pela soma dos custos de falha interna e externa.
   b. retrabalho e análise de falhas são exemplos de custos de avaliação.
   c. auditorias de qualidade no produto final são custos de falhas internas.
   d. refugo e sucata são custos de falhas externas.
   e. reuniões de melhoria da qualidade e treinamentos nos programas de certificação de auditores são classificados como custo de prevenção.

   Resolução: e

3. Por que gastar com qualidade deve ser considerado um investimento vantajoso, e não um mero custo?

   Resolução: Ao investir em qualidade, prevenção e avaliação, a organização consegue evitar que erros aconteçam, eliminando os custos associados aos processos de reparação e correção, chamados de custos de não qualidade (custos de falhas internas e externas).

■ Questões para revisão

1. (Cespe – 2012 – MPE-PI) Tendo em vista que a gestão da qualidade – tema recorrente na administração da maioria das empresas – deixou de ser um diferencial competitivo e se tornou essencial à permanência da organização no mercado, julgue o item seguinte:

   O retrabalho e o comprometimento da imagem de uma organização são, respectivamente, custos internos e externos da falta de qualidade dos processos produtivos de uma entidade.

   Essa afirmação é:

   ( ) VERDADEIRA   ( ) FALSA

2. (Cesgranrio – 2014 – Petrobras) A qualidade é um objetivo de desempenho que, caso não atendido, pode gerar custos para as empresas. São exemplos de custos gerados pela falta de qualidade nos processos de uma empresa:
   a. Treinamento, manutenção preventiva e inspeção de produto.
   b. Teste de matéria-prima, rotatividade e comprometimento da imagem.
   c. Retrabalho, desperdício de matéria-prima e treinamento.

d. Processamento de devoluções, desperdício de matéria-prima e comprometimento da imagem.

   e. Mensuração e teste de matéria-prima, inspeção de produto e retrabalho.

3. (FCC – 2014 – TCE-GO) Em um programa de gestão da qualidade total, os custos incorridos por um defeito identificado antes que o cliente pudesse perceber e que foi corrigido por retrabalho ou refugo de material são considerados custos com:

   a. recuperação de clientes.
   b. prevenção.
   c. inspeção.
   d. falhas externas.
   e. falhas internas.

4. O que é o paradoxo do preço?

5. Por que podemos dizer que um consumidor fica duplamente insatisfeito quando sua reclamação não é atendida pela organização?

■ Questões para reflexão

Pense em alguma experiência de compra e/ou consumo em que você ficou insatisfeito. Caso não tenha nenhuma, peça a algum colega, amigo ou familiar que lhe relate uma experiência pessoal dessa natureza. Com base nos conteúdos abordados neste capítulo, reflita:

1. O que vocês, como consumidores, fizeram a respeito dessa falha? Chegaram a registrar alguma reclamação formal ou comentaram o caso com amigos ou colegas, pessoalmente ou em redes sociais?

2. Se sim, a organização chegou a fazer algo em relação a isso? O que foi feito?

3. Tendo em vista o atendimento ou não da reclamação, vocês voltariam a negociar com a organização envolvida no caso? Justifique seu posicionamento.

■ Para saber mais

CARVALHO, M. M. de; PALADINI, E. P. (Org.). **Gestão da qualidade**: teoria e casos 2. ed. Rio de Janeiro: Elsevier; Abepro, 2012.

Para que você possa aprofundar seus conhecimentos sobre custos da qualidade, indicamos a leitura da obra Gestão da qualidade: teoria e casos, *organizada por Marly Monteiro de Carvalho e Edson Pacheco Paladini. Trata-se de uma obra bastante didática, que busca relacionar a teoria da gestão da qualidade a alguns casos práticos, refletindo, assim, uma preocupação voltada ao âmbito gerencial, com a descrição de ferramentas e sistemas gerenciais. Os autores apresentam uma abordagem bastante atual, abrangendo temas como a norma ISO 9000 e as recentes demandas de sustentabilidade.*

Estudo de caso

O Sistema Nacional de Informações e Defesa do Consumidor (Sindec) prepara anualmente um relatório em que elenca e classifica as empresas que mais acumularam queixas formalizadas no Procon no último ano. Na lista divulgada no ano de 2015, as três campeãs de reclamações são do setor de telecomunicações: Claro/Embratel/Net em primeiro lugar, com aproximadamente 204 mil reclamações registradas; Oi Fixo/Celular em segundo lugar, com em torno de 201 mil reclamações; e Vivo Telefônica/GVT em terceiro lugar, com pouco mais de 165 mil.

As demais colocadas ficaram abaixo de 100 mil reclamações registradas, como é o caso do Banco Itaú, com quase 93 mil, e da Sky, com quase 90 mil, classificadas em quarto e quinto lugar, respectivamente. Em sexto lugar, outra empresa de telecomunicações: a TIM, com algo em torno de 72 mil queixas.

Cabe pontuar que esse boletim não tem como objetivo apenas informar e orientar os consumidores em suas decisões de compra e consumo, mas também conscientizar e incentivar essas organizações e seus parceiros comerciais a aprimorar seu atendimento e seu desempenho, melhorando a qualidade de sua atuação.

Fonte: Elaborado com base em Silveira, 2016.

3 Controle estatístico da qualidade

Conteúdos do capítulo:
- *Controle estatístico da qualidade.*
- *Ferramentas do controle estatístico da qualidade.*
- *Inspeção por amostragem.*

Após o estudo deste capítulo, você será capaz de:

1. *entender a transição da era da inspeção da qualidade para a era do controle estatístico e as implicações dessa mudança;*
2. *compreender a incorporação da estatística ao processo produtivo e sua utilização no controle da qualidade, explorando as diferentes ferramentas que dela decorrem;*
3. *compreender a variabilidade como um aspecto inerente a todo e qualquer processo produtivo e dominar a utilização dos gráficos de controle para analisá-la;*
4. *analisar o diagrama de causa e efeito, verificando como ele pode ser utilizado e suas contribuições;*
5. *entender a inspeção por amostragem, sua origem, seu conceito, as formas como é empregada e classificada e, principalmente, as vantagens que ela oferece para o processo de controle estatístico da qualidade.*

TAÍS PASQUOTTO ANDREOLI

No Capítulo 1, abordamos sobre a transição da era da inspeção da qualidade para a era do controle estatístico, destacando, também, o que mudou com isso. Neste capítulo, trataremos de maneira mais aprofundada do tema do controle estatístico da qualidade, analisando como a incorporação da estatística beneficiou o processo de avaliação e monitoramento da qualidade e quais foram as principais consequências de seu advento.

3.1 A estatística no controle da qualidade

O controle da qualidade, como mencionamos anteriormente, começou a ser implantado na era da inspeção, quando todos os produtos eram examinados ao término da produção. Depois de tal análise, os produtos que atingiam a conformidade esperada eram liberados para serem comercializados no mercado consumidor, enquanto os que apresentavam certos desvios ou falhas de produção eram simplesmente descartados. Como podemos notar, o controle da qualidade nessa época era meramente analítico, pois não possibilitava uma ação corretiva dos erros identificados, muito menos uma ação proativa no sentido de se descobrirem as causas que geravam eventuais erros.

Esse panorama apenas começou a mudar com a era do controle estatístico, quando o critério da avaliação da qualidade das organizações transferiu-se dos produtos acabados para os processos. Ou seja, os produtos deixaram de ser inspecionados apenas ao término da produção e passaram a ser examinados durante as diversas etapas do ciclo produtivo. Com essa mudança, eventuais desvios ou falhas de produção começaram a ser identificados **no decorrer do processo produtivo**, possibilitando que fossem analisados e, assim, revertidos. Também passou a predominar uma nova concepção de controle da qualidade, que a partir de então passou a ter caráter **corretivo** e **proativo** (Carvalho; Paladini, 2012).

Fique atento!

A era do controle estatístico enfatizou o processo produtivo, e assim passou-se a examinar eventuais desvios ou falhas durante a produção, o que tornou possível que eles fossem revertidos antes da conclusão do processo. Trata-se de uma nova concepção de controle da qualidade, que assumiu um caráter corretivo e proativo.

Para viabilizar essa nova forma de controle da qualidade, começou-se a aplicar a estatística ao processo produtivo. O **controle estatístico da qualidade** pode ser entendido como um método para medir o nível da qualidade de determinado produto, atividade ou processo, permitindo que seja comparado com um padrão previamente estabelecido, com a finalidade de manter esse nível em parâmetros desejáveis ou mesmo implementar melhorias (Moreira, 2008).

3.1.1 Gráficos de controle e a variabilidade dos processos

O sistema estatístico de controle da qualidade chegou às linhas de produção principalmente em virtude do trabalho do engenheiro norte-americano Walter A. Shewhart (Costa; Carpinetti; Ribeiro, 2004). Uma das primeiras contribuições de Shewhart foi o desenvolvimento dos **gráficos de controle**, utilizados para detectar alterações nos processos produtivos. Esses gráficos são empregados com base no pressuposto de que **a variabilidade é inerente aos processos produtivos**, e, portanto, sua ocorrência deve ser analisada estatisticamente e, na medida do possível, controlada. Ou seja, mesmo que o processo seja bem projetado e todos os requisitos sejam seguidos à risca, podemos considerar impossível que todos os produtos saiam da linha de produção exatamente iguais: eles apresentam algumas variações entre si, em menor ou maior grau.

Fique atento!

Shewhart foi pioneiro ao aceitar a variabilidade como inerente aos processos produtivos e acreditar ser impossível a homogeneidade dos produtos finais.

Assim, a ideia central do método estatístico é a de que os processos de produção com menor variabilidade são capazes de gerar resultados com melhores níveis de qualidade, especialmente quando as alterações são geradas por causas assinaláveis. Nesse sentido, a variabilidade inerente aos processos pode ocorrer em consequência de dois possíveis grupos causais: as causas comuns ou aleatórias e as causas especiais (Paladini, 2002; Costa; Carpinetti; Ribeiro, 2004).

As **causas comuns ou aleatórias** são consideradas perturbações menores, que fazem parte do processo produtivo. Pouco pode ser feito para corrigi-las. São exemplos de causas comuns as pequenas mudanças na temperatura ou na umidade e a atualização automática das máquinas. Quando somente essas causas estão presentes, diz-se que o processo está em **estado de controle**. Tal estado denota a capabilidade do processo, ou seja, seu comportamento normal quando operando em estado de controle (Paladini, 2002).

Já as **causas especiais** se configuram como perturbações maiores, **imprevisíveis e esporádicas**, que aumentam a dispersão ou o grau de variabilidade dos processos. Trata-se de problemas e anormalidades detectados no processo, que devem, portanto, ser corrigidos ou eliminados. Possíveis exemplos de causas especiais são variações na matéria-prima, erros de manuseio ou operação e mesmo a falta de manutenção dos equipamentos. Quando isso ocorre, diz-se que o processo está **fora de controle**.

Em geral, causas comuns ou aleatórias exercem pouca influência na variabilidade dos processos produtivos, ou seja, ainda que muitas causas desse tipo estejam presentes, a variação do processo como um todo é baixa, situada dentro dos limites aceitáveis. Por outro lado, causas especiais, mesmo em pequeno número, exercem muita influência na variabilidade dos processos produtivos, a tal ponto que, muitas vezes, basta apenas uma delas para provocar variações fora dos limites aceitáveis. A esse fato damos o nome de **princípio de Pareto** (Kume, 1993).

O Gráfico 3.1 é um exemplo de gráfico de controle, que exibe a variabilidade do processo (em relação às peças) durante certo período. O limite central denota a tendência média da variabilidade, e os limites superior e inferior estipulam as margens máximas de variabilidade, tanto para cima quanto para baixo. Enquanto a linha se mantém dentro desses limites, o inferior e o superior, é possível afirmar que o processo encontra-se em **estado de controle**, ou seja, apresenta variabilidade resultante unicamente de causas comuns, inerentes a todo e qualquer processo. Entretanto, quando determinado ponto excede algum desses limites, como é o caso do ponto 1, destacado no gráfico, isso significa que o processo está fora de controle, isto é, sofrendo influência de alguma causa especial, que deve ser identificada e corrigida.

Gráfico 3.1 – Gráfico de controle

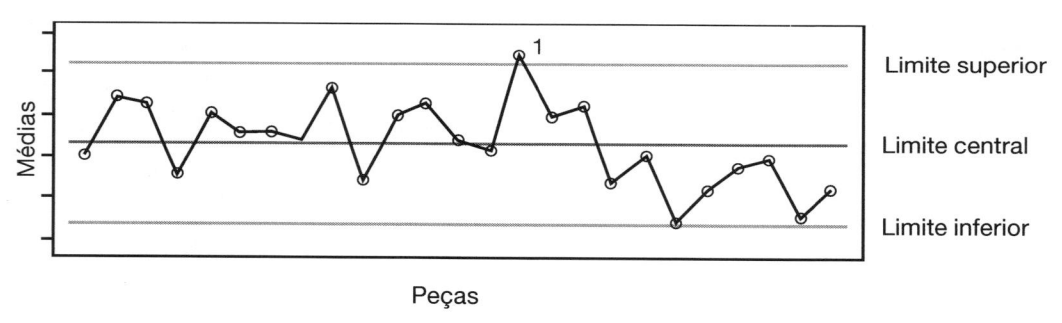

Fonte: Adaptado de Portal Action, 2017.

Dessa forma, os gráficos de controle são utilizados não apenas para identificar as causas comuns inerentes aos processos, a fim de monitorá-las e analisá-las, mas, principalmente, com o objetivo de permitir que as causas especiais sejam observadas e, assim, corrigidas, resgatando-se a normalidade do funcionamento operacional. Em outras palavras, os gráficos de controle possibilitam que se averigue o desempenho do processo, se tudo está correndo da forma como foi planejado, a fim de que os resultados saiam conforme previsto (Montgomery, 2004).

3.1.2 Diagrama de causa e efeito

No âmbito da abordagem que se ocupa das causas da variabilidade dos processos, há a necessidade tanto de identificar o surgimento de tais causas quanto de compreender seus efeitos. Por esse motivo, Ishikawa desenvolveu o **diagrama de causa e efeito** – também conhecido como *diagrama de Ishikawa* ou espinha de peixe, em decorrência de seu formato (Montgomery, 2004). Trata-se de uma ferramenta de representação gráfica que mapeia as informações dos processos produtivos, apontando as possíveis causas de um problema ou efeito (Vieira, 1999). Além disso, esse recurso permite uma melhor visualização das relações de causa e efeito, possibilitando, também, diferenciar e esquematizar as possíveis causas e subcausas de determinados problemas, desde a sua origem (Montgomery, 2004). Com isso, torna-se possível identificar e analisar as causas primárias e secundárias de um problema, bem como mapear suas relações, tanto entre si quanto com o efeito em questão.

Para utilizar essa ferramenta, alguns passos devem ser seguidos (Vieira, 1999; Ritzman; Krajewski, 2005). Primeiro, deve-se **especificar o problema** a ser investigado, situando-o na ponta do eixo, na "cabeça do peixe". Em um segundo momento, as possíveis categorias geradoras de **causas potenciais** devem ser arroladas, pois são consideradas os "ossos estruturais". Depois disso, é preciso mapear as **causas primárias**, maiores e mais genéricas, que devem ser levantadas e analisadas, definidas como as "espinhas principais". De posse desse levantamento, deve-se desmembrar cada uma das causas primárias em **causas secundárias**, ou seja, em fatores menores que contribuem – em menor ou maior grau – para o surgimento da causa primária.

O diagrama de causa e efeito também é conhecido como **diagrama 6M**, em referência às iniciais das seis principais causas primárias encontradas na indústria (as quatro primeiras tradicionais e as duas restantes acrescentadas recentemente). São elas:

1. material;
2. métodos;
3. máquinas;
4. mão de obra;
5. meio ambiente;
6. medidas.

No diagrama de causa e efeito reproduzido na Figura 3.1, que podemos tomar como exemplo, o qual diz respeito a um problema verificado na produção de camisas, são identificadas quatro causas primárias: a mão de obra, a máquina, o método e o material. Cada uma dessas causas primárias é composta, por sua vez, por causas secundárias, como desmotivação, falta de qualificação e de treinamento, erros na costura e fadiga da mão de obra.

Figura 3.1 – Diagrama de causa e efeito

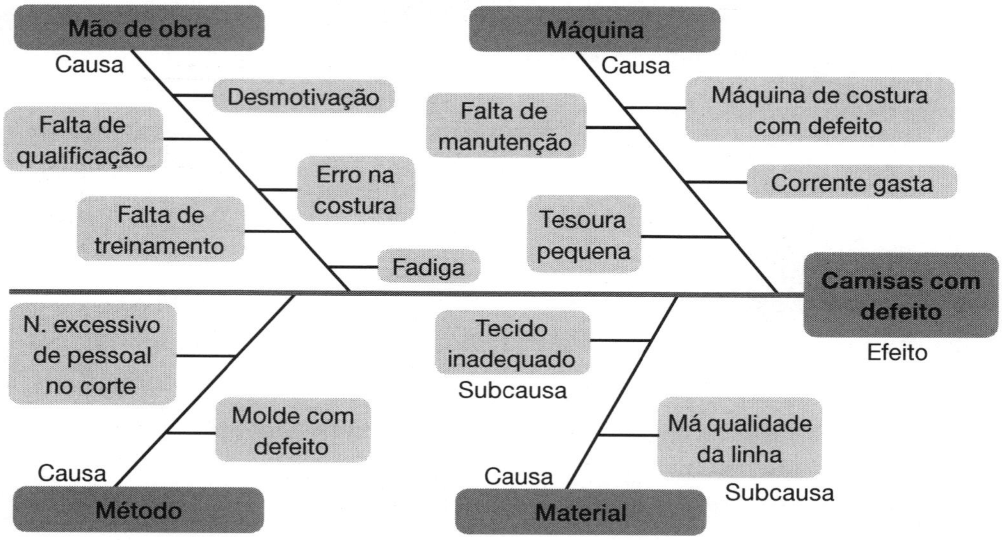

Fonte: Adaptado de Ferramentas Administrativas, 2012.

3.1.2.1 Diagrama de Pareto

O diagrama de Pareto, que foi depois adaptado pelo célebre consultor Joseph Moses Juran, consiste em uma ferramenta que pode auxiliar na identificação das grandes fontes causadoras de problemas na produção. Essa ferramenta toma como premissa a constatação de que a maior parte das perdas decorrentes de problemas relacionados à não qualidade provém de alguns poucos pontos mais evidentes, que devem ser, então, corrigidos (Carpinetti, 2012).

Acredita-se, portanto, que a maioria dos problemas de não qualidade é gerada por uma quantidade ínfima de fontes causadoras. Desse modo, sendo possível identificá-las e, posteriormente, revertê-las e melhorá-las, consegue-se eliminar quase todas as falhas que estavam atrapalhando o desempenho organizacional. Assim, o diagrama de Pareto aplicado à qualidade permite, de certa forma, uma relativa facilidade de correção e melhoria.

A disposição dessa ferramenta em gráfico permite uma clara visualização da dimensão e da ordem de importância de problemas, causas e demais informações em geral, o que possibilita, por sua vez, uma priorização das ações necessárias. Apresentamos como exemplo o Gráfico 3.2.

Gráfico 3.2 – Diagrama de Pareto

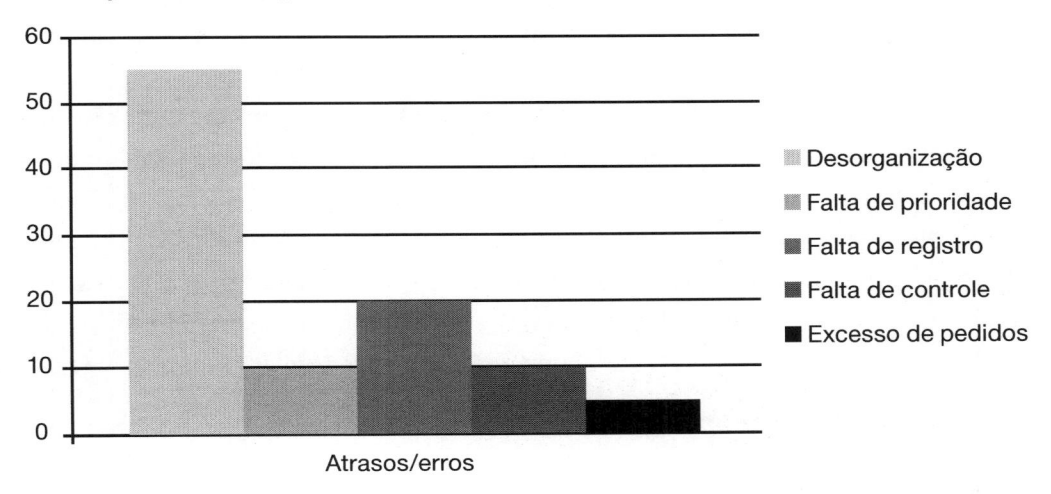

O diagrama de Pareto ilustrado no Gráfico 3.2 indica que a principal fonte de geração dos problemas encontrados (atrasos e erros) é a desorganização detectada no processo de atendimento. Podemos notar, assim, que apenas uma fonte de falha foi responsável pela geração de mais da metade dos erros detectados, algo em torno de 60%, enquanto as outras quatro (falta de prioridade, falta de registro, falta de controle e excesso de pedidos) somam menos da metade, em torno de 40%.

Outra informação que podemos extrair do diagrama é que as faltas de prioridade, de registro e de controle aparentam decorrer da fonte maior, que é a desorganização. Por fim, o excesso de pedidos parece não influenciar de forma significativa essa problemática, ou seja, o cerne da questão não aparenta estar no desequilíbrio entre a oferta e a demanda, causado pelo acatamento de pedidos além da capacidade de atendimento, mas na forma como esse atendimento é prestado.

3.1.3 Inspeção por amostragem

Como decorrência da aplicação da estatística ao controle do processo produtivo, a forma de inspeção dos produtos também mudou. Não era mais necessário fazer uma análise de todo o contingente disponível, pois checar apenas uma parte bastava. A isso damos o nome de *inspeção por amostragem*. Como o próprio nome indica, verifica-se apenas uma amostra, uma parcela considerada estatisticamente confiável para representar o resultado do todo.

A inspeção por amostragem ganhou destaque sobretudo durante a Segunda Guerra Mundial, quando era necessário que os produtos adquiridos pelos exércitos aliados tivessem um alto grau de confiabilidade, pois seriam utilizados nas frentes de batalha (Carvalho; Paladini, 2012). Além disso, a inspeção por amostragem solucionou o problema observado em casos nos quais o teste de qualidade é destrutivo, como acontece, por exemplo, com munições, e passou a ser considerada, a partir de então, prática obrigatória (Costa; Carpinetti; Ribeiro, 2004).

O processo de inspeção funciona, basicamente, comparando-se determinadas características de um produto às especificações estipuladas previamente. Podemos afirmar, portanto, que o principal objetivo da inspeção é verificar a **conformidade** dos produtos, estejam eles acabados ou ainda em processo de produção. Dessa forma, determinar quais características serão avaliadas, estipulando os padrões de qualidade prévios para cada etapa do processo produtivo, é vital para que a empresa possa fazer uma análise do produto ao final de cada fase.

Fique atento!
O principal objetivo da inspeção é verificar a conformidade da produção, comparando determinadas características de um produto às especificações estipuladas previamente.

Vamos supor que você seja responsável pelo processo de inspeção de uma confecção de camisetas, por exemplo, e precise saber qual é o resultado esperado de cada etapa do processo produtivo. Após a fase de corte, qual especificação cada camiseta deve ter? Quais são o tamanho e o peso considerados aceitáveis? Na etapa seguinte, de montagem ou costura, quais são as características necessárias? A linha e o ponto de costura atendem aos requisitos básicos? No estágio da tintura, existe um padrão de coloração? Como é definido esse padrão?

A execução da inspeção por amostragem pode se dar de duas formas distintas: inspeção por atributos e inspeção por variáveis (Paladini, 2002). A **inspeção por atributos** configura uma avaliação por classificação, por meio da qual verificamos se determinado atributo está presente – por exemplo, se uma lâmpada acende ou não (Vieira, 1999). Por isso, é considerada uma **avaliação qualitativa**.

Já a **inspeção por variáveis**, avalia não só a ocorrência do atributo, mas também sua intensidade, configurando-se por isso como uma **avaliação quantitativa**. É considerada uma avaliação por medição, como ocorre, por exemplo, com a análise da espessura do invólucro de uma lâmpada que deveria ter, digamos, cinco milímetros (Vieira, 1999).

> **Fique atento!**
> A inspeção por amostragem pode se dar de duas formas: inspeção por atributos, que consiste em uma avaliação por classificação, de ordem mais qualitativa, e inspeção por variáveis, que se configura como uma avaliação mais quantitativa, pois mensura a intensidade da ocorrência de um fator.

Além disso, a inspeção por amostragem pode variar em relação à definição das amostras, que podem ser casuais, sistemáticas ou estratificadas (Vieira, 1999). A **amostra casual** é constituída por itens retirados da população ao acaso, aleatoriamente. Isso significa que, nesse caso, todos os itens têm igual probabilidade de serem escolhidos. Como segunda opção, a **amostra sistemática** é constituída por itens escolhidos segundo algum sistema, algum critério que estabeleça a seleção. Já a **amostra estratificada** é composta por itens provenientes de diferentes estratos, ou seja, originários de subgrupos heterogêneos.

Digamos, por exemplo, que você queira avaliar a qualidade da prestação de serviços de uma instituição bancária. Para isso, você deve realizar uma espécie de pesquisa de satisfação com os consumidores. Utilizando o sistema de amostragem casual, você deveria escolher aleatoriamente consumidores que tenham sido atendidos em determinado dia. Pela amostragem sistemática, esses consumidores deveriam ser escolhidos segundo algum critério – por exemplo, a cada dez atendimentos, um consumidor é selecionado. Por fim, se a opção fosse pela amostragem estratificada, você precisaria separar os clientes em subgrupos heterogêneos, dividindo-os, por exemplo, por gênero.

Outra forma de classificação da inspeção por amostragem se dá em relação à sua finalidade, que pode ser de dois tipos: inspeção por aceitação e inspeção retificadora (Paladini, 2002). A **inspeção por aceitação** tem como objetivo verificar apenas a conformidade de uma amostra, a fim de descobrir se o lote deve ser aceito (liberado para uso futuro) ou rejeitado (devolvido à sua origem). Dessa forma, a inspeção por aceitação não concentra nenhuma outra operação além da inspeção original.

A **inspeção retificadora**, por outro lado, tem como objetivo não só a avaliação da amostra, mas também a substituição dos itens defeituosos por produtos aceitáveis. Para tanto, realiza-se, primeiramente, uma inspeção por amostragem. Se o lote não atingir a conformidade desejada, procede-se, então, a uma inspeção completa de todos os itens. Assim, a inspeção retificadora não se configura apenas como um processo de mera aceitação ou rejeição do lote, mas como possibilidade de retificação deste, de modo que seja possível consertar os erros identificados.

Quadro 3.1 – Classificação da inspeção por amostragem

Execução	Amostra	Finalidade
• Por atributos: avaliação por classificação (ocorrência ou não de determinado atributo); qualitativa. • Por variáveis: avaliação por medição (ocorrência e intensidade do atributo); quantitativa.	• Casual: itens selecionados ao acaso, aleatoriamente. • Sistemática: itens selecionados segundo algum sistema/critério. • Estratificados: itens selecionados segundo os estratos a que pertencem (subgrupos heterogêneos).	• Por aceitação: verificação da conformidade da amostra, aceitando-a ou rejeitando-a. • Retificadora: avaliação da conformidade e retificação dos itens defeituosos.

Nesse sentido, de maneira geral, a inspeção por amostragem proporciona diversas vantagens ao controle da qualidade. Primeiro, proporciona uma radiografia precisa das operações do processo, constituindo um importante instrumento de avaliação. Em segundo lugar, não só possibilita que os erros sejam identificados nas diversas etapas do processo, como também cria condições para que ações corretivas sejam rapidamente implementadas, além de permitir que ações preventivas consistentes sejam desenvolvidas.

Ademais, a inspeção por amostragem possibilita uma redução de tempo e esforços empregados no processo de controle da avaliação da qualidade, diminuindo, dessa forma, também os custos associados a isso.

Por fim, por utilizar técnicas estatísticas, esse sistema consegue obter um resultado confiável, segundo a margem de confiança e o grau de erro estipulados. Trata-se de um método científico, e não apenas de um procedimento amparado na mera intuição ou em experiências que implicam sucessivas tentativas e erros.

Fique atento!

São vantagens da inspeção por amostragem aplicada ao controle da qualidade:

- proporcionar uma radiografia precisa das operações que compõem o processo;
- possibilitar que os erros sejam identificados nas diversas etapas do processo, criando condições para a implementação de ações corretivas;
- permitir que ações preventivas consistentes sejam desenvolvidas;
- reduzir tempo, esforços e custos associados ao processo de controle da avaliação da qualidade;
- produzir resultados estatisticamente confiáveis, com rigor científico.

Com base no exposto, portanto, podemos afirmar que a inspeção por amostragem possibilita um processo de controle da qualidade com resultados mais precisos e assertivos a um preço reduzido, representando mais adequadamente as características da população e do processo analisados (Samohyl, 2009).

■ Síntese

O controle estatístico da qualidade é pautado pelo seu caráter corretivo e proativo, buscando não somente analisar eventuais desvios ou falhas que ocorram no decorrer do processo produtivo, mas, mais do que isso, corrigi-los, revertendo sua causa. Nesse sentido, não só a correção é possibilitada, mas também o desenvolvimento e a implementação de ações preventivas.

Não se trata da eliminação absoluta de todo e qualquer erro da produção, até porque, como destacamos, a variabilidade é inerente aos processos produtivos. O controle estatístico da qualidade implica um monitoramento contínuo da produção, que pode ser realizado por meio de diversas ferramentas, como os gráficos de controle, o diagrama de causa e efeito e o diagrama de Pareto. Nesse sentido, a inspeção por amostragem também veio auxiliar nesse novo cenário, visando principalmente verificar a conformidade dos produtos.

Assim, podemos afirmar que o controle estatístico da qualidade se configurou como uma elevação dos padrões em relação ao estudo e à prática do tema, no sentido de que garante maior precisão com tempo, esforço e custo reduzidos. O processo passa a ser, desse modo, mais assertivo, estatisticamente confiável e garantido por rigor científico.

Exercícios resolvidos

1. (Cesgranrio – 2015 – Petrobras) A ferramenta da qualidade denominada Gráfico de Controle é utilizada para:
    a. acompanhar a não conformidade de um processo.
    b. visualizar a intensidade do relacionamento entre duas variáveis.
    c. comparar a relação entre dois efeitos.
    d. verificar a relação entre as variáveis.
    e. identificar todas as causas possíveis de um problema.

    Resolução: a. Ao monitorar a variabilidade do processo, o gráfico de controle permite identificar a influência de causas especiais, que deixam o processo fora do estado de controle, ou seja, em não conformidade com o planejado.

2. Vamos supor que determinada produção de carteiras conseguiu que seus lotes ficassem dentro dos limites estipulados no gráfico de controle. Assim, o que pode ser dito acerca da capabilidade desse processo produtivo?

   Resolução: Quando os pontos permanecem dentro dos limites considerados aceitáveis, diz-se que há capabilidade do processo produtivo, ou seja, o processo apresenta comportamento normal por estar operando em estado de controle. A capabilidade é posta em cheque quando algum ponto ultrapassa o limite considerado, indicando um ponto de não conformidade produtiva, que deve ser identificado e corrigido.

3. Afirmamos que a variabilidade pode derivar de duas causas. Quais são elas? Explique.

   Resolução: Existem as causas comuns ou aleatórias e as causas especiais. As causas comuns ou aleatórias são consideradas perturbações menores, que fazem parte do processo produtivo, como no caso das pequenas variações resultantes dos diferentes rendimentos dos funcionários. Pouco pode ser feito para corrigi-las, o que é normal e até mesmo esperado. Já as causas especiais se configuram como perturbações maiores, imprevisíveis e esporádicas, que aumentam a dispersão ou o grau de variabilidade dos processos. Uma variação maior poderia decorrer de uma queda temporária de energia, por exemplo, que não pode ser prevista. Trata-se, assim, de um problema anormal no processo, que deve, portanto, ser corrigido.

■ Questões para revisão ───────────────────────

1. (Cespe – 2010 – Inmetro) A determinação de uma ou mais características de um objeto de avaliação da conformidade, de acordo com um procedimento, corresponde a
   a. um ensaio.
   b. uma aprovação.
   c. uma inspeção.
   d. uma auditoria.
   e. uma designação.

2. (Prefeitura de Fortaleza – CE – 2016) A utilização de ferramentas da qualidade permite fácil visualização e identificação das causas ou problemas de uma organização, possibilitando a concentração de esforços para saná-los. Diante do exposto, marque a alternativa que indica o tipo de ferramenta de qualidade utilizada para a elaboração do Gráfico 1:

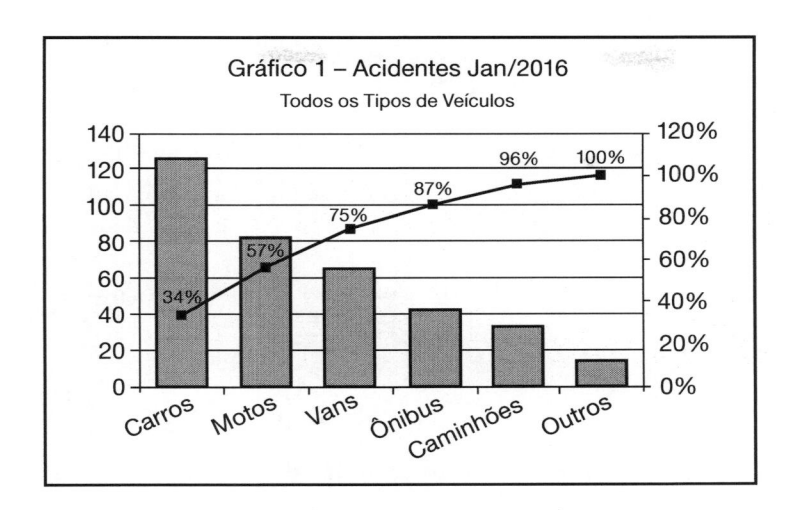

Gráfico 1 – Acidentes Jan/2016
Todos os Tipos de Veículos

a. Diagrama de Pareto.
b. Diagrama de Ishikawa.
c. Diagrama de Deming.
d. Gráfico de Shewhart.

3. A inspeção pode ser classificada em dois tipos, segundo sua finalidade. Quais são eles? Explique cada um, apontando a diferença.

4. Quais são as vantagens da inspeção por amostragem?

5. (Esaf – 2012 – MI-Cenad) Para selecionar uma amostra aleatória de tamanho n de uma população formada por N unidades, que são numeradas de 1 a N segundo uma certa ordem, escolhe-se aleatoriamente uma unidade entre as k primeiras unidades da população, onde k = N/n e seleciona-se cada k-ésima unidade da população em sequência. Esta técnica de amostragem denomina-se amostragem:

a. sistemática.
b. casual.
c. estratificada.
d. por conglomerados.
e. por quotas.

■ Questões para reflexão

Vamos supor que você, como estudante de determinado curso, queira fazer uma avaliação da prestação de serviço que certo professor executa ao ministrar uma disciplina. Pensando nisso, pondere sobre as seguintes questões:

1. Qual seria o tipo de amostra mais adequada para essa avaliação? Como você faria para selecionar os participantes em cada um dos três tipos amostrais?

2. Se extrapolássemos um pouco, tratando essa avaliação como uma inspeção, poderíamos afirmar que essa inspeção seria baseada em atributos ou variáveis? Justifique.

3. Ademais, poderíamos dizer que essa inspeção é por aceitação ou retificadora?

■ Para saber mais

FEIGENBAUM, A. V. **Controle da qualidade total**: gestão e sistemas. São Paulo: Makron Books, 1999. 4 v.

Para que você posso aprofundar seus conhecimentos sobre controle da qualidade, recomendamos a série de livros intitulada Controle da qualidade total, *composta de quatro volumes. Essa série foi publicada por Armand Feigenbaum, considerado um dos gurus da qualidade.*

Estudo de caso

Os hotéis econômicos da rede Accor são famosos no Brasil, principalmente os da marca Ibis, que já somava 47 estabelecimentos no país em 2008. De acordo com Roland de Bonadona, diretor geral da Accor Hospitality, "falar em alto padrão de qualidade em hotéis econômicos parece algo paradoxal", mas é possível que esse fator seja o grande responsável pelo êxito da empresa. A fórmula de sucesso parece ser a manutenção constante da mesma equação de valor, independentemente do local: um apartamento com conforto otimizado – ou seja, confortável, limpo e agradável – a um preço acessível.

Para conseguir fixar um preço acessível, a marca teve de eliminar tudo o que era considerado não essencial, desde aspectos relacionados à infraestrutura, como espaços maiores ociosos (salão de recepção ou salas de reunião, por exemplo), até aspectos inerentes ao serviço hoteleiro em si, como a disponibilidade de funcionários para carregar bagagens ou prestar atendimento nos quartos. É essa relação equilibrada entre qualidade e preço que resume a proposta de valor da marca Ibis, uma oferta que se mantém nos diversos hotéis espalhados pelo país, criando um padrão esperado, que ajusta as expectativas do consumidor.

Fonte: Elaborado com base em Ferraz, 2008.

4 Gestão da qualidade total

Conteúdos do capítulo:
- *Gestão da qualidade total.*
- *Princípios da qualidade total.*
- *Ferramentas da gestão da qualidade total.*
- *Sistemas de gestão da qualidade.*

Após o estudo deste capítulo, você será capaz de:
1. *analisar o movimento japonês de qualidade, iniciado pelo sistema de produção implantado na Toyota;*
2. *compreender a gestão da qualidade total nas organizações, seu conceito e sua aplicação prática;*
3. *entender os princípios norteadores do movimento da qualidade total;*
4. *analisar o ciclo PDCA, sua aplicabilidade e sua importância para as organizações;*
5. *compreender a trilogia Juran, identificando os processos envolvidos na gestão da qualidade total, e os círculos de controle da qualidade;*
6. *entender os sistemas de gestão da qualidade nas organizações.*

TAÍS PASQUOTTO ANDREOLI

Trataremos, neste capítulo, da gestão da qualidade total. Em nossa abordagem, analisaremos o início do movimento japonês da qualidade a partir da implantação do sistema de produção desenvolvido na Toyota, destacando seus princípios norteadores e suas principais práticas, como o ciclo PDCA e a trilogia Juran. Em um segundo momento, examinaremos os sistemas de gestão da qualidade, pautados principalmente pelos requisitos estabelecidos pela norma ABNT NBR ISO 9001.

4.1 Qualidade total e sua gestão

De acordo com a versão de 1994 da norma NBR ISO 8402, integrante da série ISO 9000, a gestão da qualidade consiste no "conjunto de atividades coordenadas para dirigir e controlar uma organização com relação à qualidade" (Carvalho; Paladini, 2012, p. 90). Essas atividades são agrupadas em quatro funções principais: planejamento, controle, garantia e melhoria da qualidade.

Figura 4.1 – Qualidade e gestão da qualidade

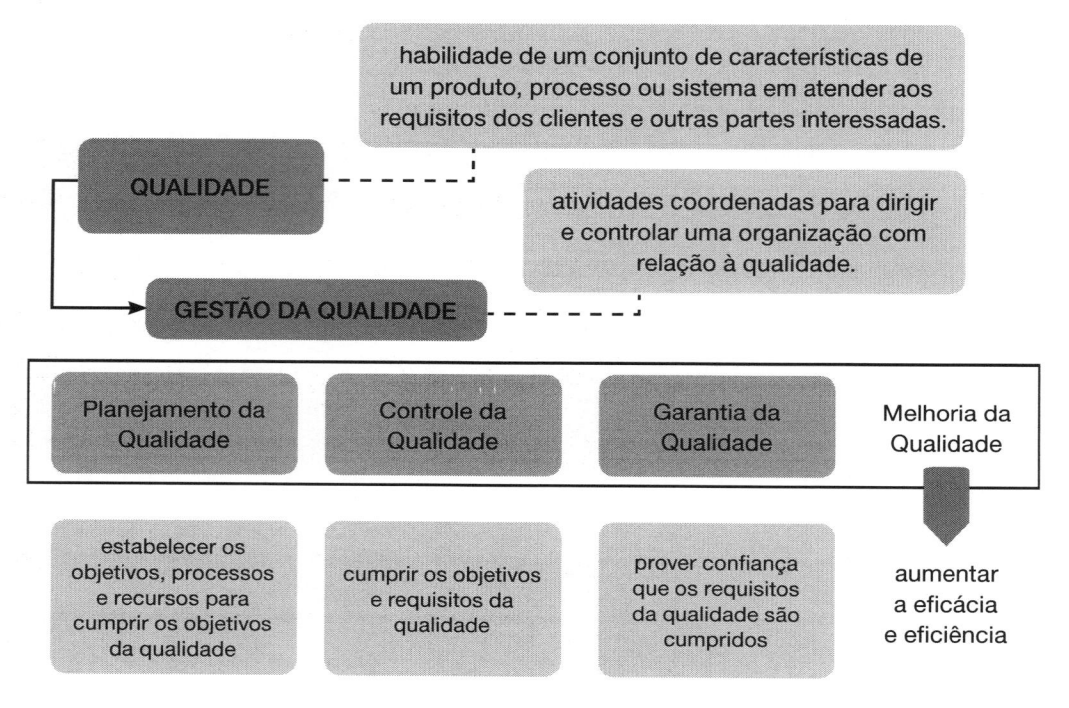

```
                          habilidade de um conjunto de características de
                          um produto, processo ou sistema em atender aos
                          requisitos dos clientes e outras partes interessadas.
         QUALIDADE -------
                          
                          atividades coordenadas para dirigir
                          e controlar uma organização com
                          relação à qualidade.
     GESTÃO DA QUALIDADE -------

  Planejamento da    Controle da      Garantia da      Melhoria da
  Qualidade          Qualidade        Qualidade        Qualidade

  estabelecer os                      prover confiança
  objetivos, processos cumprir os objetivos que os requisitos  aumentar
  e recursos para    e requisitos da  da qualidade são a eficácia
  cumprir os objetivos qualidade      cumpridos        e eficiência
  da qualidade
```

Fonte: Elaborado com base em Carvalho; Paladini, 2012, p. 91

Com base nesse conceito de *qualidade* e dos elementos que compõem sua gestão, a referida norma define a **gestão da qualidade total** como o "modo de gestão de uma organização, centrado na qualidade, baseado na participação de todos os seus membros, visando ao sucesso a longo prazo, por meio da satisfação do cliente e dos benefícios para todos os membros da organização e sociedade" (Carvalho; Paladini, 2012, p. 91).

Isso evidencia como a gestão da qualidade evoluiu com o tempo, deixando de ser considerada apenas em termos de inspeção de produtos específicos, a fim de avaliar seu grau de conformidade, para se tornar uma **perspectiva de negócios**, capaz de nortear a trajetória organizacional e proporcionar vantagem competitiva. Nesse sentido, a gestão da qualidade total não se caracteriza por uma função isolada nem se concentra em uma área específica, mas analisa o **desempenho geral** da organização, abarcando sua atuação como um todo.

Além disso, a gestão da qualidade total implica garantir um desempenho organizacional positivo, não só quantitativa, mas também qualitativamente (Bravo, 2010). Isso significa que a gestão da qualidade é pautada não apenas pela obtenção de variáveis específicas, mas também pela garantia de um resultado benéfico como um todo.

Outro ponto interessante é que a qualidade não existe de maneira absoluta, considerando-se apenas a oferta de determinada organização. Como a qualidade sofre grande influência da percepção dos consumidores, ela se configura como resultante de um processo relativo, no qual se comparam a organização e sua oferta aos seus concorrentes (Garvin, 2002). A gestão da qualidade total deve, assim, considerar não só as particularidades da organização em questão, mas também as características de seu **contexto de atuação**, com uma abordagem sistêmica.

Na sequência, mostraremos como essa nova perspectiva acerca da qualidade teve início e ganhou força, principalmente em decorrência do movimento japonês de qualidade, que teve o toyotismo como seu grande expoente.

4.1.1 Movimento japonês da qualidade – toyotismo

Após a Segunda Guerra Mundial, Taiichi Ohno desenvolveu na indústria automotiva Toyota, do Japão, um novo sistema de produção, baseado na **organização orgânica do trabalho** e na **produção de acordo com a demanda** do mercado consumidor. Assim, é possível afirmar que o movimento japonês da qualidade teve início com o sistema de produção adotado pela Toyota no período pós-guerra, contrapondo-se aos sistemas de produção vigentes até então, em especial o fordismo (Machado, 2012). Em vez de adotar um modelo de produção em massa, o toyotismo assumiu como característica a opção por uma **produção flexível e enxuta**, decorrente principalmente da escassez de matérias-primas e de espaço, bem como de um mercado consumidor mais reduzido – características que contextualizam o Japão na época (Wood Jr., 1992).

Para que isso fosse possível, o toyotismo adotou o ***just-in-time*** – expressão em língua inglesa que significa "na hora certa" –, um sistema produtivo que se baseia na produção de bens à medida que eles são demandados. Isso significa que, em vez de produzir em larga escala e, por consequência, manter altos níveis de estoque, produz-se apenas o necessário, o que permite uma redução de qualquer tipo de excedente tanto em termos de insumos produtivos (recursos como tempo, mão de obra e matérias-primas são alocados de forma otimizada, apenas quando necessários) quanto em relação aos produtos finais, o que elimina a necessidade de manter estoques (já que os produtos são escoados diretamente ao mercado consumidor) (Andreoli; Ahlfedt, 2014).

Fique atento!

Configura-se como principal pressuposto do toyotismo a produção flexível e enxuta, também denominada *lean production*, organizada pelo sistema *just-in-time*, que prega o princípio "na hora certa", ou seja, materiais, esforços e produtos são empregados e disponibilizados apenas quando necessários.

Aliada ao *just-in-time*, outro procedimento adotado pelos toyotistas foi o sistema denominado **kanban**, um método de sinalização refererente ao andamento da produção por meio de cartões ou etiquetas. Com base nesses dispositivos, autoriza-se e direciona-se a produção, registrando-se todas as entradas e saídas, bem como toda a movimentação de itens ao longo do processo produtivo, para que apenas os materiais necessários sejam disponibilizados, na quantidade e nos momentos adequados.

Cabe ressaltar que o sistema *kanban* é bastante utilizado pelas organizações até hoje, principalmente aquelas que dispõem de extensas linhas de montagem. Isso decorre não só de sua utilidade, mas também da facilidade de acompanhamento da produção que ele possibilita, já que permite um verdadeiro controle visual.

Figura 4.2 – Exemplo de sistema kanban

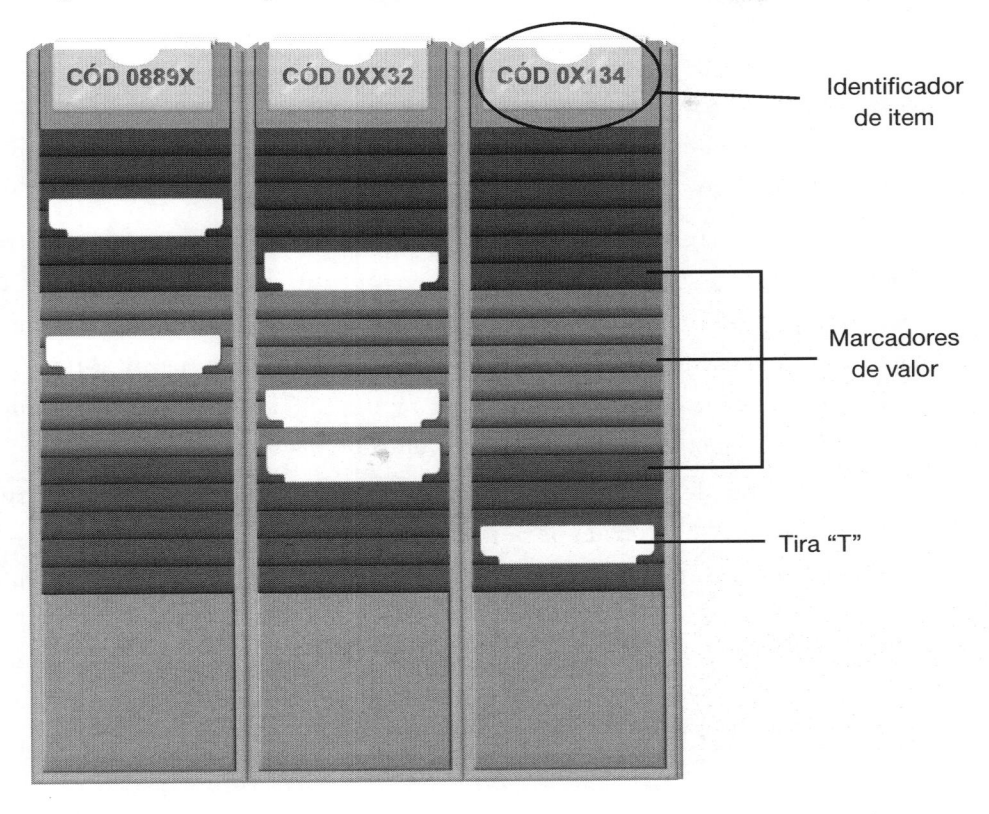

Fonte: Adaptado de Controles Visuais, 2017.

Com a implantação desse sistema, a Toyota mudou o paradigma da produtividade, pois passou a avaliar a produção pela **qualidade**, e não mais meramente pela quantidade. A preocupação em eliminar quaisquer tipos de desperdícios, inclusive com produtos defeituosos, implementando uma melhoria contínua nos processos, é um dos mais importantes princípios do toyotismo.

Outros princípios relevantes foram estabelecidos em decorrência do toyotismo, como mostraremos na subseção a seguir.

4.1.2 Princípios da qualidade total

O principal responsável pelo início do movimento da qualidade total foi William Edwards Deming, que elaborou 14 princípios básicos a serem seguidos pelas organizações (Deming, 1990). São eles:

1. **Estabeleça propósitos constantes para melhorar os bens e serviços oferecidos.** Esse princípio remete à ideia de manutenção contínua da qualidade, a fim de se manter a atividade organizacional no decorrer do tempo, inovando-se e melhorando-se sempre, para, assim, permanecer competitivo.

2. **Adote a filosofia da qualidade.** Diante de uma nova era econômica e de um contexto de concorrência acirrada, é preciso assumir uma nova postura organizacional, pautada pela busca de competitividade. Isso exige que a administração da organização passe por um processo de transformação, que deve considerar tanto o próprio ambiente quanto seu contexto de atuação (ambiente externo).

3. **Compreenda o real propósito da inspeção, sem depender excessivamente dela.** A inspeção não melhora nem garante a qualidade, apenas a verifica. Como exclarecemos anteriormente, a inspeção consiste em uma prática de controle que avalia se tudo está correto com os produtos ao final do processo produtivo. Nesse momento, não há mais possibilidade de reversão de erros ou correção de eventuais problemas.

   Além disso, ter de verificar se tudo ocorreu conforme o previsto é considerar que existe margem para desvios. A qualidade, contudo, deve ser algo inerente à atuação da organização. Assim, é necessário que a empresa amplie a concepção de *qualidade* para abarcar todo o processo organizacional, preocupando-se até com as fases preliminares ao processo produtivo, como a escolha de fornecedores de insumos produtivos confiáveis.

4. **Cesse a prática de avaliar as transações com base somente no preço.** É importante minimizar o custo total, mas o preço não se configura como o único fator de impacto na atuação organizacional. Em muitos casos, aliás, um custo pequeno que resulta em baixa qualidade pode se refletir em altos gastos para a organização.

   Isso é especialmente relevante no caso dos fornecedores, que são corresponsáveis pelo resultado final. Assim, a organização deve priorizar o desenvolvimento de relacionamentos de longo prazo, pautados por uma relação "ganha-ganha" e fundamentados na confiança. Voltaremos a tratar dessa questão mais adiante.

5. **Melhore constantemente o sistema de produção de bens e de prestação de serviços.** Esse princípio se assemelha ao primeiro, pois também chama a atenção para a necessidade de se pensar na qualidade como um processo contínuo e que abarca o todo, desde a concepção do projeto de um produto até sua entrega ao mercado consumidor e o atendimento pós-venda.

6. **Institua treinamento.** Não basta apenas selecionar e captar mão de obra qualificada, é preciso também trabalhar no sentido de continuamente capacitá-la e desenvolver novos conhecimentos e habilidades. Além disso,

o treinamento deve ocorrer em todos os níveis hierárquicos da organização, inclusive na alta cúpula, reconfigurando o modo de pensar a administração.

7. **Adote e institua a liderança.** A liderança não está relacionada apenas à capacidade de coordenação e organização dos funcionários. Dotada do devido poder, qualquer pessoa consegue dar ordens aos subordinados. Mas a liderança é, de fato, muito mais do que isso, pois consiste em um fenômeno de influência interpessoal, que se sustenta pela habilidade de verdadeiramente motivar os funcionários para conseguir engajamento e compromisso por parte deles, rumo ao atingimento dos objetivos organizacionais.

   Nesse sentido, a administração não deve ser trabalhada nas organizações unicamente para supervisionar a atuação dos funcionários, mas também para manter sempre em vista as possíveis dificuldades inerentes ao trabalho, de forma a pensar em formas de motivação eficazes e facilitar a produtividade.

8. **Afaste o medo.** Assim como ocorre na vida pessoal, o medo paralisa também a vida profissional. Por medo de possíveis represálias, muitos funcionários podem achar melhor cumprir apenas o que é esperado deles, sem jamais sair da zona de conforto. E o que é mais grave: alguns podem até omitir informações essenciais à melhoria do processo. A organização deve afastar esse medo, criando um ambiente de confiança, propício para a geração e o compartilhamento de novas ideias.

9. **Elimine as barreiras entre diferentes funções e departamentos.** A organização deve ser dirigida sob uma visão sistêmica, coordenando-se e alinhando-se suas partes menores. Isso significa que os diferentes níveis hierárquicos, departamentos e funções organizacionais devem trabalhar em conjunto, trocando informações e compartilhando responsabilidades. O trabalho em equipe gera sinergia e proporciona otimização de resultados.

10. **Deixe de lado os *slogans*, lemas ou exortações dirigidos aos empregados.** Não é espalhando cartazes que pregam a qualidade e a produtividade ("Faça direito na primeira vez", "Um dia de trabalho é um dia de satisfação" ou "Vamos melhorar juntos?") pela empresa que serão alcançados melhores resultados. Mais do que falar, a organização deve de fato colocar em prática os princípios da qualidade total. Toda uma cultura organizacional pautada pela melhoria contínua deve ser desenvolvida e perpetuada.

11. **Acabe com as metas numéricas na linha produtiva.** Segundo Deming (1990, p. 53), "uma cota é uma fortaleza contra a melhora da qualidade e da produtividade", além de ser "totalmente incompatível com uma melhora contínua". Quando se estipula a quantidade mínima que cada funcionário deve entregar, duas consequências podem decorrer. Primeiro: os colaboradores são induzidos a se concentrar apenas em entregar essa cota mínima, independentemente da qualidade dos produtos, ou seja, produtos defeituosos são passados adiante, simplesmente para entrarem na somatória. Segundo: os funcionários podem acabar traçando a cota mínima como meta final, produzindo apenas o necessário para alcançá-la e ignorando a possibilidade de superá-la, mesmo dispondo de meios para isso. Assim, ao atingirem a meta, eles cessam suas atividades, mesmo tendo tempo sobressalente até o término do expediente, por exemplo.

    Pensando-se nisso, deve haver uma transformação na gestão da organização, que deve deixar de lado a administração baseada em números e quantidades para se concentrar nos processos e se pautar pela qualidade.

12. **Remova as barreiras que impedem que a mão de obra sinta orgulho pelo desempenho no trabalho.** A empresa não deve tratar seus funcionários como meras peças de um maquinário maior, ao contrário, precisa se preocupar com a satisfação deles, buscando criar um ambiente de trabalho amistoso e propício à produtividade. Trabalhadores mais realizados profissionalmente significam menor nível de absenteísmo e rotatividade para a organização, o que impacta direta e indiretamente a qualidade de sua atuação.

13. **Institua um programa de formação e autoaprimoramento para todos.** Esse princípio se assemelha ao de treinamento. A melhoria contínua não vale apenas para os produtos e processos organizacionais, mas também para os próprios funcionários, que devem constantemente se aprimorar e desenvolver novos conhecimentos e habilidades.

14. **Engaje toda a empresa no processo de realizar a transformação.** É hora da ação, de colocar em prática todos os princípios elencados. Para tanto, todas as pessoas da organização devem ser envolvidas, de modo a conseguir engajamento e criar um compromisso coletivo.

Como é possível notar, esses princípios são bastante intuitivos, mas agrupam uma série de recomendações importantes para que a qualidade seja concebida como filosofia da prática gerencial. A seguir, trataremos de um conceito que torna mais viável a gestão da qualidade total.

4.1.3 Ciclo PDCA: *Plan – Do – Check – Act*

Outro conceito interessante que surgiu com o movimento da qualidade total é o ciclo PDCA. Ainda que exista uma divergência em relação à sua autoria, com alguns autores atribuindo esse conceito a Deming (Garvin, 2002) e outros a Shewhart (Carvalho; Paladini, 2012), sua contribuição é inegável. O ciclo PDCA propõe que a gestão da qualidade deve ser realizada em quatro etapas: *plan* (planejar), *do* (fazer), *check* (checar) e *act* (agir).

Figura 4.3 – Ciclo PDCA

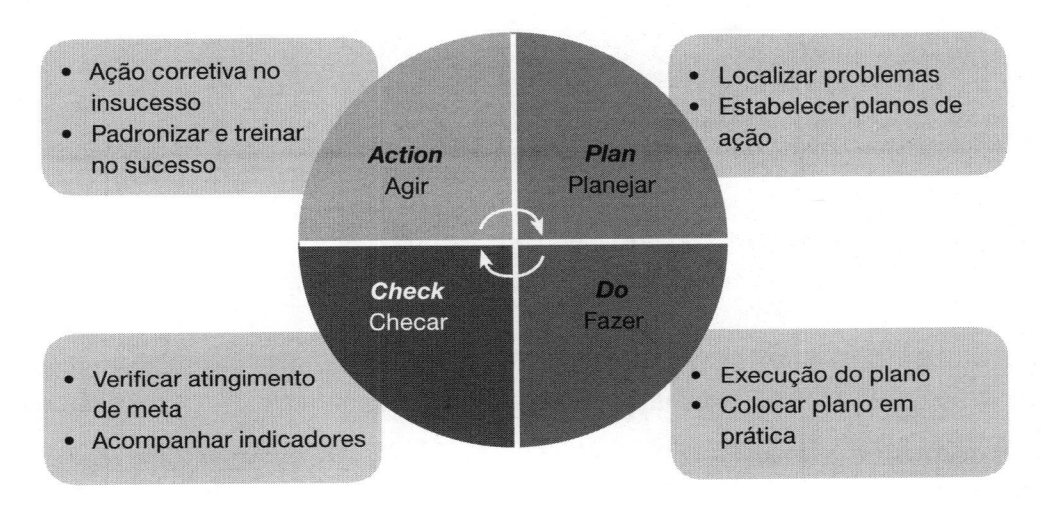

- Ação corretiva no insucesso
- Padronizar e treinar no sucesso

Action Agir

Plan Planejar

- Localizar problemas
- Estabelecer planos de ação

Check Checar

Do Fazer

- Verificar atingimento de meta
- Acompanhar indicadores

- Execução do plano
- Colocar plano em prática

Fonte: Adaptado de Deming, 2003.

A função **planejar** é responsável por determinar as metas e os objetivos da organização. Mais do que isso, a organização deve desenvolver os planos necessários para alcançá-los, especificando as atividades e os métodos a serem seguidos por todos.

Com o plano de ação estabelecido, a função **fazer** coloca em prática todas as atividades que foram previstas e planejadas na fase anterior. Trata-se da implementação de fato de todo o planejamento traçado.

A função **checar** é responsável pela mensuração e pelo monitoramento do desempenho dos processos de negócios e do funcionamento da organização como um todo. A empresa deve analisar constantemente o andamento dos processos e seus resultados, com o propósito de comparar se o que foi de fato obtido equivale ao que foi previamente planejado.

Por fim, de posse das informações disponibilizadas no estágio de checagem, a função **agir** assume a responsabilidade de tomar as providências necessárias para incrementar a qualidade na organização. Dessa forma, com a identificação anterior dos pontos positivos e negativos no funcionamento da organização na fase da checagem, essa etapa possibilita tanto que os acertos sejam mantidos quanto – mais importante – que possíveis pontos de melhoria sejam identificados, corrigindo-se e revertendo-se determinados desvios e falhas.

Essas funções devem ocorrer verdadeiramente como um ciclo, no qual não há início nem término previamente definidos, mas que se renova constantemente, de acordo com as necessidades da organização. Ou seja, busca-se um processo literalmente inacabável de questionamento e requestionamento dos processos e das atividades desenvolvidas, um verdadeiro **ciclo de melhoramento** (Montgomery, 2004). É daí que decorre a maior proposição do ciclo PDCA: a melhoria contínua dos processos e do funcionamento organizacional como um todo.

4.1.4 Trilogia Juran: planejamento, controle e melhoria da qualidade

O consultor de negócios romeno Joseph Moses Juran, considerado um dos principais autores na temática da qualidade, propôs uma simplificação do ciclo PDCA, afirmando que a gestão da qualidade total deveria concentrar três processos principais. Esse modelo ficou conhecido como *trilogia Juran*, e abarca as funções de planejamento, controle e melhoria (ou aperfeiçoamento) da qualidade. Nesse sentido, Juran rejeitava a separação entre planejamento e execução observada no ciclo PDCA, entendendo que as duas atividades funcionam de maneira integrada.

Figura 4.4 – Trilogia Juran

Nesse caso, a função **planejamento** ficaria responsável não só pela delimitação dos planos de ação, estipulando os objetivos organizacionais e os caminhos necessários para atingi-los, mas também pela sua implantação, coordenando e direcionando os diversos recursos da organização.

Quanto à função **controle**, responde por toda a checagem dos processos e dos resultados obtidos na organização, a fim de verificar se os objetivos organizacionais estão sendo de fato buscados e alcançados. Nesse processo, verifica-se se o desempenho da organização está acontecendo conforme o que foi previamente estipulado, ou seja, se a prática organizacional reflete o planejamento.

Por fim, a função **melhoria** (ou **aperfeiçoamento**) da qualidade serve para incrementar o desempenho da organização, seja por meio da correção de possíveis falhas, seja pela manutenção de acertos, revisando e melhorando as atividades e processos organizacionais. Nesse sentido, Juran defendeu que esse processo representa a maior oportunidade para melhorar os processos e resultados da organização, no sentido de ser possível produzir níveis superiores e até inéditos de produção.

Fique atento!

Existem dois modelos mais conhecidos em relação às funções subjacentes ao sistema de qualidade: o ciclo PDCA, com as funções *planejar*, *fazer*, *controlar* e *agir*, e a trilogia de Juran, com a funções *planejar*, *controlar* e *melhorar*.

4.1.5 Círculos de controle da qualidade

Ainda que tenham sidos expressivos os ganhos provenientes da produção enxuta, com o decorrer do tempo, muitas das melhorias implantadas com ela foram se estabilizando, tornando-se ponto comum entre as organizações adotantes. Dessa forma, começou a imperar a perspectiva da busca de uma melhora que se manifestasse não apenas como resultados de esforços isolados, mas também em um processo constante, apoiado em melhorias contínuas.

Nesse sentido, concentrando-se mais na função de checagem ou no processo de controle da qualidade, o engenheiro de produção japonês Kaoru Ishikawa elaborou os denominados *círculos de controle da qualidade* (Garvin, 2002). Esses círculos foram inicialmente concebidos como grupos de estudos, nos quais se estimulava a troca de informações e experiências, tendo em vista a solução de problemas. Neles, esperava-se a participação de todos os funcionários, que deveriam aderir voluntariamente, a fim de conquistarem autodesenvolvimento pessoal e profissional. Com isso, seria possível criar um ambiente mais participativo, com maior aproveitamento de energia, esforços, habilidades e entusiasmo da força de trabalho. Outra característica dos círculos de controle da qualidade é a ênfase no emprego de técnicas estatísticas para o controle da qualidade – questão que foi abordada com mais profundidade no capítulo anterior.

Fique atento!
Uma das grandes vantagens dos círculos de controle da qualidade é proporcionar sinergia organizacional, estimulando a participação e a troca de informações, conhecimentos e experiências rumo à solução de problemas.

A formação desses grupos deve ocorrer de forma regular, a fim de que quaisquer possíveis problemas que possam surgir sejam constantemente analisados e debatidos, no sentido de se proporem possíveis soluções. De acordo com Ferro e Grande (1997), o funcionamento dos círculos de qualidade deve obedecer a um esquema prévio, de etapas sucessivas. Essas etapas compreendem, em primeiro lugar, a identificação dos problemas atuais, bem com a seleção dos mais pertinentes, para que sejam estudados e analisados. A partir disso, elaboram-se possíveis soluções, que são então refinadas e, posteriormente, recomendadas à administração.

Trata-se de uma prática barata e de fácil aplicação, motivo que levou à sua grande disseminação. Para termos uma noção da importância dos círculos de controle da qualidade nas organizações, Garvin (2002, p. 226) explica que, já em 1984, a Toyota tinha mais de 5.800 círculos de controle da qualidade atuando na organização. A partir de 1970, essa tática foi difundida pelo mundo todo – inclusive no Brasil, principalmente nas décadas de 1970 e 1980, período em que ocorreu a mais destacada inovação organizacional disseminada no país, conforme ressaltado por Ferro e Grande (1997).

4.2 Sistemas de qualidade

Sistemas de qualidade são princípios e diretrizes que servem para **estruturar e formalizar as funções gerenciais da organização**, principalmente com relação às três principais atividades descritas anteriormente: planejamento, controle e melhoria da qualidade. Segundo Machado (2012), os sistemas de qualidade estão entre os principais meios pelos quais as empresas conseguem avaliar se estão atuando conforme as exigências do mercado. Nesse sentido, um dos grandes objetivos desse recurso é não só facilitar a mensuração e o monitoramento da qualidade, mas também, concomitantemente, contribuir para que a organização obtenha a conformidade com as normas que regem sua atuação.

Uma das normas mais conhecidas e aplicáveis à maioria das organizações nacionais é a **ABNT NBR ISO 9000**, uma versão brasileira da norma internacional ISO 9001, da Organização Internacional de Normalização (International Organization of Standards – ISO) (Chiavenato, 2011). Cabe lembrar que a ISO é uma organização não governamental internacional que tem como objetivo desenvolver a padronização de atividades correlacionadas, no sentido de possibilitar e facilitar o intercâmbio econômico, científico e tecnológico (Marshall Junior, 2001). A normalização proposta pela ISO busca estabelecer prescrições de uso comum e repetível, com o intuito de se obter um grau ótimo de resolução de problemas, sejam eles existentes, sejam eles potenciais (Marshall Junior et al., 2003).

A norma ABNT NBR ISO 9000 contempla oito princípios básicos de gestão da qualidade, que são: foco no cliente, liderança, envolvimento de pessoas, abordagem de processos, abordagem sistêmica de gestão, melhoria contínua, abordagem factual para a tomada de decisões e relacionamento mutuamente benéfico com fornecedores (Marshall Junior et al., 2003). Além disso, a norma estabelece requisitos para os sistemas de gestão de qualidade, os quais visam prevenir a ocorrência de não conformidades em qualquer fase do ciclo de produção, desde o planejamento do projeto até a entrega do produto final ao consumidor e os serviços de pós-venda (Marshall Junior et al., 2003).

Dessa forma, as diretrizes determinam como as empresas devem definir, documentar, implantar, manter e aperfeiçoar continuamente seu(s) sistema(s) de gestão da qualidade. Confira alguns requisitos gerais para os sistemas de gestão da qualidade segundo a ISO 9001:

- Identificar os processos necessários para o sistema de gestão da qualidade e sua aplicação por toda a organização;
- Determinar a sequência e a interação desses processos;
- Definir critérios e métodos necessários para assegurar que a operação e o controle desses processos sejam eficazes;
- Assegurar a disponibilidade de recursos e informações necessários para apoiar a operação e o monitoramento desses processos;
- Monitorar, medir e analisar esses processos;
- Implementar ações necessárias para atingir os resultados planejados e a melhoria contínua desses processos.

Fonte: Elaborado com base em QSP, 2003.

Sobre a documentação, entre os requisitos estipulados está a exigência de que haja o registro das informações mais relevantes, como declarações documentadas da política da qualidade e seus objetivos, o manual da qualidade da organização e quaisquer outros documentos necessários para assegurar o planejamento, a operação e o controle eficazes dos processos da empresa (ABNT, 2000).

Podemos observar, assim, que a norma ISO garante que uma abordagem sistêmica da gestão da qualidade seja empregada, a fim de que as necessidades dos diversos públicos interessados na atuação organizacional sejam atendidas. Desse modo, a norma proporciona maior segurança às relações contratuais, seja no que diz respeito ao comprometimento das partes em relação aos requisitos acordados, seja na busca por aprimoramento contínuo da qualidade. Trata-se, em suma, de uma certificação da qualidade praticada pela organização, bem como de seu compromisso para com o cumprimento de suas responsabilidades.

■ Síntese

A gestão da qualidade total é uma filosofia, uma forma de pensar e de trabalhar em que há preocupação com o atendimento das necessidades tanto da organização quanto dos *stakeholders* envolvidos em sua atuação. Nesse sentido, a prática organizacional pautada pela gestão da qualidade total muda o foco da qualidade de operações específicas e isoladas para a da organização como um todo, vista sob uma perspectiva sistêmica.

Nesse sentido, os sistemas de qualidade contribuem para a estruturação e a formalização das funções gerenciais da organização, pautando-se pela melhoria contínua e pelo constante aprimoramento de sua atuação. Além de contribuírem para a mensuração e o monitoramento da qualidade da organização e assegurarem sua conformidade às normas, esses sistemas garantem uma certificação da qualidade oferecida pela organização, evidenciando seu compromisso para com o atendimento das exigências do mercado.

Exercícios resolvidos

1. (IBFC – 2013 – Hemominas) Em relação à gestão da qualidade, assinale a alternativa incorreta:
    a. A gestão da qualidade pressupõe um estilo gerencial autocrático para que seja adotada essa nova cultura na organização.
    b. A gestão da qualidade refere-se ao processo de determinação e orientação do caminho a ser seguido com a finalidade de atingir os objetivos, empregando todos os recursos contidos na produção de um bem ou de um serviço.
    c. A gestão da qualidade pressupõe a necessidade de valorizar as pessoas, sua autonomia de decisão, a descentralização do poder, a socialização do saber e a reorganização do processo de trabalho.
    d. Na trajetória da evolução do conceito de qualidade observa-se que, em sua fase inicial, ressaltava-se a inspeção, posteriormente, o controle de qualidade, seguido da garantia da qualidade (prevenção) e, atualmente, desponta a qualidade total.

    Resolução: a. A gestão da qualidade total demanda um estilo gerencial democrático, que consiga abarcar e motivar todos os funcionários da organização, para que todos se engajem na busca de melhoria contínua.

2. (TJ-PR – 2013) A qualidade atualmente está associada tanto à produção, aos produtos e à aplicação de técnicas como também a modelos de gestão. O gerenciamento para a qualidade, segundo Joseph M. Juran, envolve três processos universais de gerenciamento, conhecidos como Trilogia de Juran. Sobre esses processos, considere as seguintes afirmativas:
    I. Os processos da Trilogia de Juran são: planejamento da qualidade, controle da qualidade e melhoramento da qualidade.
    II. Identificar as necessidades específicas para melhoramento, ou seja, para projetos de melhoramento, é uma das etapas do melhoramento da qualidade.

III. Desenvolver os produtos e processos necessários para atender às necessidades dos clientes, assim como determinar essas necessidades são atividades do controle da qualidade.

IV. Comparar o desempenho real com as metas de qualidade e atuar nas diferenças é um dos passos do planejamento da qualidade.

Assinale a alternativa correta:

a. Somente as afirmativas I e II são verdadeiras.
b. Somente as afirmativas I e III são verdadeiras.
c. Somente as afirmativas III e IV são verdadeiras.
d. Somente as afirmativas II, III e IV são verdadeiras.

Resolução: a.

3. Para que serve um sistema de gestão de qualidade?

    Resolução: Os sistemas de qualidade servem para estruturar e formalizar as funções gerenciais da organização, não só facilitando a mensuração e o monitoramento da qualidade, mas também, concomitantemente, contribuindo para que a empresa obtenha a conformidade com as normas que regem sua atuação. Trata-se, assim, de uma certificação da qualidade empregada na organização, servindo para assegurar que a empresa está atuando conforme as exigências do mercado.

■ Questões para revisão

1. (Quadrix – 2014 – CRN-GO) Cada indivíduo tem sua definição de qualidade. Se a qualidade for definida como conformidade e especificações, fica estabelecida uma base para um entendimento comum sobre qualidade. De acordo com os princípios gerais para a Gestão de Qualidade, é verdadeiro afirmar que:

    a. um sistema só será gerador da qualidade se for voltado à prevenção, ou seja, à eliminação dos erros antes de seu acontecimento.
    b. o padrão de qualidade consiste em buscar constantemente erros no processo e buscar as soluções.
    c. o tempo gasto para reparos no processo de produção não deve ser levado em conta na Gestão de Qualidade.
    d. o custo de perdas com falta de qualidade não é contabilizado para equacionar a qualidade de um produto ou serviço.
    e. a Gestão de Qualidade é muito mais importante para os produtos do que para os serviços, uma vez que o serviço prestado independe da qualidade do produto confeccionado.

2. (Cespe – 2009 –Cehap-PB) Com referência ao modelo *just-in-time* de administração de materiais, assinale a opção correta.

   a. Essa ideia surgiu na Inglaterra na década de 70 do século passado.
   b. Sua meta é trabalhar com estoque zero.
   c. Nessa forma, os estoques ficam à disposição do setor de vendas permanentemente.
   d. Nesse modelo, ainda não se tem o conceito de melhoria contínua dos processos.

3. A prática *do just-in-time* foi consolidada com o toyotismo, um sistema de produção orgânico e flexível desenvolvido no Japão após a Segunda Guerra Mundial. No que consiste essa prática e qual é sua principal contribuição?

4. O que é a norma ABNT NBR ISO 9001?

5. (FCC – 2009 – TJ-AP) A ISO 9000:

   a. é um conjunto de normas que só podem ser utilizadas por empresas grandes de caráter industrial.
   b. é um pacote de *softwares* orientado para implantação de sistemas de qualidade em empresas do setor de informática.
   c. confere qualidade a um produto (ou serviço), garantindo que o produto (ou serviço) apresentará sempre as mesmas características.
   d. fornece um certificado segundo o qual o produto avaliado terá maior qualidade que um outro similar sem a certificação.
   e. diz respeito apenas ao sistema de gestão da qualidade de uma empresa, e não às especificações dos produtos fabricados por esta empresa.

■ Questões para reflexão

Escolha uma organização sobre a qual você possui bom conhecimento e considere um de seus produtos e o processo produtivo relacionado a ele (por exemplo, o lanche Big Mac e sua elaboração pelo McDonald's). Com isso em mente, responda às seguintes perguntas:

1. Como você desenvolveria o ciclo PDCA para esse produto ou para esse processo produtivo especificamente?

2. Como a trilogia Juran seria adaptada para esse caso?

3. De posse das respostas anteriores, reflita: Quais são as diferenças teóricas e práticas entre esses dois métodos?

■ Para saber mais

WOOD JR., T. Fordismo, toyotismo e volvismo: os caminhos da indústria em busca do tempo perdido. **Revista de Administração de Empresas – RAE**, São Paulo, v. 32, n. 4, p. 6-18, set./out. 1992. Disponível em: <http://www.scielo.br/pdf/rae/v32n4/a02v32n4.pdf>. Acesso em: 19 jun. 2017.

Para se aprofundar no estudo dos diferentes sistemas de produção, em especial o fordismo, o toyotismo e o volvismo, recomendamos a leitura desse artigo de Thomaz Wood Jr. Nesse texto, o autor apresenta uma discussão acerca desses sistemas de produção sob uma perspectiva história, expondo suas principais características e contribuições

ABNT – Associação Brasileira de Normas Técnicas. **NBR 9001**: sistemas de gestão da qualidade: requisitos. Rio de Janeiro, 2000.

Caso você tenha interesse em conhecer mais detalhadamente as normas que regem os sistemas de gestão da qualidade no Brasil, indicamos a leitura da NBR ISO 9001.

Estudo de caso

A Heineken International passou por um amplo processo de melhoramento para ampliar sua eficiência operacional, o que permitiu que a fábrica não só aumentasse seu volume de produção, mas também reduzisse seus custos, melhorando seu desempenho geral. Segundo Wilbert Raaijmakers, então diretor da Heineken Netherlands Brewery, "a otimização de uma organização é um processo sem fim". Esse processo de melhoramento passou a abarcar também a responsabilidade social e ambiental, valores atuais da organização que refletem a preocupação com as novas demandas do mercado. O atendimento a diversas normas da série ISO também revela a perspectiva de qualidade adotada pela Heineken, uma filosofia capaz de nortear o modelo de negócios.

Fonte: Elaborado com base em Montgomery, 2004, p. 570.

5 Qualidade e competitividade

Conteúdos do capítulo:
- *Como implementar a gestão da qualidade: princípios e estágios.*
- *Avaliação de desempenho organizacional.*
- *Premiações de excelência organizacional.*
- *Prêmio Nacional de Qualidade (PNQ).*
- *Recursos intangíveis.*

Após o estudo deste capítulo, você será capaz de:
1. *analisar a implementação da gestão da qualidade;*
2. *perceber a relação entre os princípios da gestão da qualidade e a competitividade de uma organização;*
3. *entender diferentes métodos de avaliação de desempenho organizacional fundamentados na gestão da qualidade;*
4. *compreender argumentos críticos sobre a implementação da gestão da qualidade.*

LÍVIA TIEMI BASTOS

Como mencionamos nos capítulos anteriores, a gestão da qualidade é uma prática organizacional que foi progressivamente disseminada entre as empresas ao longo do século XX. O reflexo da adoção dessa prática pode ser visto também nos estudos que acompanharam esse movimento. Ao consultarmos a base de dados Web of Science para pesquisas em periódicos científicos, no período entre 1960 e 2016, pudemos encontrar mais de 17 mil publicações sobre o tópico *gestão da qualidade*, entre artigos publicados, materiais de congressos e capítulos de livros em diversas línguas (Web of Science, 2017). A título de comparação, ao reproduzirmos a pesquisa para o termo *gestão da informação*, por exemplo, encontramos pouco mais de 11.400 publicações; já para o termo *gestão ambiental* foram pouco mais de 11.100 publicações, nas mesmas categorias e durante o mesmo período. Esses dados revelam o quanto o tema é relevante na literatura acadêmica e quantos estudos existem para orientar os interessados.

Hackman e Wageman (1995) explicam que as raízes da literatura sobre gestão da qualidade encontram-se nos trabalhos seminais de Kaoru Ishikawa, Joseph Juran e William Edwards Deming e que o entendimento desses precursores é de que o principal objetivo de uma organização é manter-se viva e ativa. A gestão da qualidade é, portanto, uma prática organizacional voltada a garantir esse objetivo de perpetuidade das empresas.

Uma empresa que decide implementar uma nova abordagem de gestão geralmente está interessada em obter resultados superiores, levando em conta seu direcionamento estratégico. Neste capítulo, vamos relacionar o conceito de *qualidade* com indicadores organizacionais relevantes para a condução da estratégia das empresas, com vistas à melhora de sua competitividade.

5.1 Implementação da gestão da qualidade

Kanji e Asher (1996, p. 1, tradução nossa) argumentam que o **gerenciamento da qualidade total** (GQT) diferencia-se das demais práticas organizacionais por se concentrar na melhoria contínua do desempenho e, diferentemente de uma alternativa rápida e temporária, busca "mudar os modos nos quais as coisas são feitas nas organizações" dentro do tempo de vida delas. Para alcançar esse objetivo, Kanji (1996, p. 331, tradução nossa) defende que é crucial disseminar claramente entre as pessoas "o que fazer, como fazer, as ferramentas certas para fazer, a capacidade de medir desempenho e receber *feedback* sobre os níveis correntes de realização".

Conforme as contribuições de Kanji e Asher (1996), a implementação do GQT compreende quatro princípios direcionadores, cada um expresso em conjunto com quatro conceitos centrais:

1. **Deleite o cliente** – *Deleitar*, aqui, significa ser a melhor opção entre os concorrentes no que realmente importa para o cliente: satisfação. Como "o que é melhor" pode mudar ao longo do tempo, esse princípio implica a constante busca por entender o cliente e compreender como determinado produto ou serviço satisfaz as necessidades de um consumidor passível de mudanças. Os conceitos centrais que se relacionam com esse aspecto são a **satisfação do cliente** e a **preocupação com os clientes internos**.

2. **Gestão baseada em fatos** – Para saber se certo produto ou serviço está mais próximo ou não de ser a melhor opção para o seu cliente, é preciso ter uma base de comparação. É necessário coletar os fatos para medir os dados referentes ao que se está ofertando hoje, para então calcular a melhoria com base em um ponto de partida. Quando se conhece a base do processo de fabricação e da entrega de tal produto ou serviço hoje, já se consegue avaliar a melhoria em relação ao padrão esperado pelo cliente. Ishikawa, Juran e Deming, apesar de terem preferências diferentes, apresentam uma série de ferramentas analíticas favoritas para a coleta de dados durante todo o ciclo de resolução de problemas, desde a "determinação dos problemas de alta prioridade, a análise das causas até a seleção e teste das soluções" (Hackman; Wageman, 1995, p. 312, tradução nossa).

Esse princípio indica a importância da **mensuração como ferramenta de gestão** e remete à ideia de que **todo trabalho é um processo**.

3. **Gestão baseada em pessoas** – A satisfação do cliente é fruto de um esforço completo da organização. Para que ocorra, cada funcionário precisa se sentir envolvido e compreender seu papel e a dimensão em que seus esforços colaboram para atingir essa satisfação. Assim, mais do que importar sistemas e tecnologias, a empresa precisa abrir canais de comunicação para informar claramente aos seus funcionários as atribuições de cada um e como realizá-las, bem como oferecer *feedback* e encorajamento constantes. Nas palavras de Ishikawa (1985, p. 27, tradução nossa), "uma organização cujos membros não estão felizes e não conseguem estar felizes não merece existir". Esse princípio orienta as organizações a criar um ambiente favorável no qual o funcionário possa se sentir responsável pela qualidade de seu trabalho. Os conceitos centrais aqui são o de **trabalho em equipe** e a ideia de que **são as pessoas que fazem a qualidade da organização**.

4. **Melhoria contínua** – A melhoria contínua é o princípio que traz dinamismo à gestão da qualidade. Aquilo que satisfaz o cliente não é algo estático, pois evolui à medida que as preferências dele mudam e suas expectativas sobre a organização aumentam; também muda à medida que a empresa melhora suas ofertas e, consequentemente, diferencia-se de seus concorrentes. É preciso considerar ainda que os próprios concorrentes podem estar ofertando opções melhores. Segundo Hackman e Wageman (1995, p. 312, tradução nossa), "oportunidades para desenvolver melhores métodos de trabalho sempre existem, e um compromisso com a melhoria contínua garante que as pessoas nunca deixarão de aprender sobre o trabalho que realizam". Por isso, a gestão da qualidade não abrange somente objetivos de curto prazo e não se configura como um projeto ou uma atividade curta dentro da empresa. Esse princípio implica a adoção permanente de processos organizacionais, para que a empresa possa buscar, de forma durável, sempre melhorar sua oferta e satisfazer melhor seu cliente. Os conceitos centrais aqui são **a prevenção de falhas e problemas** e a abordagem da **melhoria contínua como um ciclo**.

Uma vez esclarecidos os princípios direcionadores, apresentamos os quatro estágios de implementação no Quadro 5.1.

Quadro 5.1 – Estágios de implementação do gerenciamento da qualidade total (GQT)

Estágio	Descrição
1. Identificação e preparação	"Identificar e coletar informações sobre a organização nas principais áreas nas quais a melhoria terá maior impacto no desempenho organizacional. Preparar o trabalho básico para a melhoria em todas as atividades da organização".
2. Entendimento administrativo e compromisso	"Garantir que os gestores entendam o objetivo e a metodologia do GQT e estejam preparados para adotá-lo todos de uma vez".
3. Esquemas de melhoria	"Mediante um processo de envolvimento da direção e supervisão num esquema apropriado de treinamento e comunicação, identificando questões de qualidade e efetuando sua resolução por meio de atividades de melhoramento, lideradas pela gestão".
4. Análise crítica	"Começar uma nova iniciativa com novas metas e levar o processo completo de melhoria para todos, indicando as conexões com fornecedores e consumidores na cadeia da qualidade. Obter informações sobre o progresso e sucesso em consolidação".

Fonte: Elaborado com base em Kanji; Asher, 1993, p. 105, tradução nossa.

Kanji (1996) também explica que o ciclo PDCA proposto por Deming pode ser aplicado aos estágios de implementação do GQT em uma organização. Desse modo, o primeiro estágio equivale a planejar; o segundo, a fazer; o terceiro, a checar; e o quarto, a agir. Por fim, Kanji e Asher (1996) apresentam em seu livro *100 Methods for Total Quality Management* uma compilação de cem métodos diferentes para pôr em prática o GQT, que não esmiuçaremos aqui, mas deixamos como sugestão de leitura para quem tiver interesse em saber mais sobre o assunto.

Com a extensa e crescente lista de métodos disponíveis, cada organização pode escolher o conjunto mais apropriado à sua realidade para implantar essas práticas. Muitos autores relacionam o sucesso na implementação do GQT com grandes mudanças nos valores, nas atitudes e na cultura organizacional (Mosadeghrad, 2006). Kanji e Asher (1993) afirmam que, em muitos casos, a abordagem da resolução de problemas é o aspecto mais fácil da implementação do GQT, ao passo que a mudança cultural tende a ser o mais difícil.

Mosadeghrad (2006) argumenta que entre os benefícios da implementação bem-sucedida do GQT estão: menor ocorrência de defeitos, menos retrabalho e menor tempo de produção e entrega, diminuição dos níveis de inventário, redução de custos, crescimento da competitividade do negócio, aumento no lucro e na fatia de mercado, maior flexibilidade e maior satisfação de funcionários e consumidores. No entanto, o autor afirma que esses benefícios não são triviais e aponta casos na literatura que indicam o insucesso da implementação do GQT como sendo mais frequente. Mosadeghrad (2006) atesta ainda, com base em publicações sobre o assunto, que apenas cerca de 20% a 35% das firmas que implementaram o GQT observaram melhorias na competitividade, na produtividade e na qualidade. Trataremos mais desse tema na Seção 5.4.

5.2 Competitividade e avaliação de desempenho

A gestão da qualidade teve grande influência em outras áreas da administração, como a que estuda métodos de avaliação de desempenho organizacional. Essa área está relacionada à etapa de controle da organização, e sua importância é indicada pelas palavras de Kaplan e Norton (1997, p. 21), os quais afirmam que "medir é importante: o que não é medido não é gerenciado".

A **avaliação de desempenho organizacional** não se resume a um mero recurso de mensuração. Trata-se de uma ferramenta completa de gestão. Ela permite que as organizações avaliem, controlem e melhorem seus processos produtivos, garantindo, assim, o alcance de seus objetivos estratégicos, além de servir como base de comparação com o desempenho de diferentes empresas e unidades de negócio (Ghalayini; Noble, 1996). A abrangência dessa avaliação tornou-se cada vez mais importante após a constatação da insuficiência dos indicadores financeiros para realizar esse tipo de análise, o que levou a um crescente interesse acadêmico por esse assunto (Lavieri, 2008).

Hourneaux Junior (2005) elencou os principais métodos de avaliação de desempenho organizacional e descreveu todas as contribuições da corrente do GQT, evidenciando a evolução histórica dessas contribuições de maneira distinta em relação à dos demais métodos.

O GQT e os métodos de avaliação de desempenho têm como primeira interseção histórica o **Prêmio Deming**, do Japão. Organizado pela União Japonesa de Cientistas e Engenheiros (Union of Japanese Scientists and Engineers – Juse) após um ciclo de palestras de William E. Deming no país, o prêmio é entregue anualmente desde 1951 e reconhece empresas que contribuem para a promoção da gestão da qualidade no Japão. A condecoração não é tratada como um objetivo final pelas empresas, mas como uma "etapa para implementar a sistemática da gestão e controle em toda a organização" (Ishikawa, 1986, p. 192).

Desde sua criação, a premiação cresceu e hoje tem quatro categorias (Juse, 2017):

1. Prêmio Deming para Indivíduos;
2. Prêmio Deming para Serviços Distintos de Disseminação e Promoção (para indivíduos com atuação primária fora do Japão);

3. Prêmio Deming para Organizações;
4. Grande Prêmio Deming – a antiga Medalha Japão de Qualidade (para organizações que mantiveram ou melhoraram seu GQT por mais de três anos após receberem o prêmio de uma das duas últimas categorias).

Mais de três décadas depois do lançamento do Prêmio Deming, os Estados Unidos organizaram, em 1987, uma iniciativa similar, homenageando o empresário e Secretário de Comércio Malcolm Baldrige após seu falecimento. Ele era um grande defensor da gestão da qualidade como ponto-chave para a sustentabilidade e a prosperidade dos Estados Unidos. Por esse motivo, o Congresso Nacional americano criou o Prêmio Nacional de Qualidade Malcolm Baldrige, com o objetivo não apenas de fomentar a melhoria da qualidade e da produtividade do país, mas também de responder à crescente competitividade de empresas estrangeiras (National Institute of Standards and Technology, 2017). Uma fundação em parceria público-privada foi criada para gerenciar a premiação, que, em 2010, teve seu nome alterado para **Baldrige Performance Excellence Program**.

No ano seguinte à criação da premiação americana, 14 empresas europeias – entre elas Fiat, Volkswagen, Electrolux e Nestlé – uniram esforços para criar a Fundação Europeia para Gestão da Qualidade (European Foundation for Quality Management – EFQM), cuja missão, visão e políticas contam hoje com o comprometimento de 67 empresas. Com o intuito de aumentar a competitividade das organizações europeias, a fundação reuniu especialistas da indústria e da academia para desenvolver o Modelo de Excelência da EFQM, estabelecendo as bases para a criação do **Prêmio Europeu de Qualidade**, em 1992 (European Foundation for Quality Management, 2017).

De modo semelhante, em 1991, 39 organizações públicas e privadas criaram no Brasil a Fundação para o Prêmio Nacional da Qualidade e, no ano seguinte, instituíram o **Prêmio Nacional da Qualidade (PNQ)**. Em 2005, a instituição mudou de nome para Fundação Nacional da Qualidade (FNQ), a qual tem como objetivo "inspirar, mobilizar e capacitar as organizações para que busquem, continuamente, a excelência por meio da melhoria na sua gestão" (FNQ, 2017a). Com a disseminação de seus fundamentos de excelência, os quais compõem o **Modelo de Excelência em Gestão** e orientam a avaliação de desempenho do PNQ, essa fundação visa promover a melhoria das organizações no Brasil, de modo que elas se tornem mais cooperativas e sustentáveis, gerando valor para a sociedade.

Quadro 5.2 – Evolução histórica dos métodos de avaliação de desempenho organizacional

Data de origem	Método	Autor(es)
Início do séc. XX	*Tableau de Bord*	• Engenheiros franceses
1950	Método de Martindell	• J. Martindell
1954	Administração por objetivos	• P. Drucker
1955	Método das Áreas-Chave de Resultado	• R. Cordiner (CEO-GE)
1970	Método de Buchele	• R. Buchele
1986	Método de Avaliação de Desempenho Global	• H. L. Corrêa
1951	Prêmio Deming	• Union of Japanese Scientists and Engineers (JUSE)
1987	Prêmio Malcom Baldrige	• Foundation for the Malcom Baldrige National Quality Award
1988	Prêmio Europeu de Qualidade	• European Foundation for Quality Management
1992	Prêmio Nacional da Qualidade (PNQ)	• Fundação para o Prêmio Nacional da Qualidade
1990	*Balanced Scorecard*	• R. Kaplan e D. Norton
1994	Método de Rummler e Brache	• G. Rummler e A. P. Brache
1997	*Skandia Navigator*	• L. Edvinsson
1999	*SIGMA Sustainability Scorecard*	• British Standards Institution • Forum for the Future • Accountability • UK Department of Trade and Industry

Fonte: Adaptado de Hourneaux Junior, 2005, p. 36.

As contribuições da corrente do GQT, representadas pelas premiações, são reconhecidas como relevantes pelos proponentes do método de avaliação de desempenho mais amplamente aceito no mundo: o Balanced Scorecard. Kaplan e Norton (2001) afirmam que os conceitos de melhoria da qualidade afetam positivamente aspectos principais de seu método com relação a três perspectivas: processos internos, clientes e administração financeira.

Todas as premiações mencionadas contam com ciclos anuais e têm em comum o interesse em melhorar a competitividade nacional – ou regional, no caso europeu – mediante o fomento da gestão da qualidade. Cada premiação obedece a um conjunto de critérios e direcionamentos estabelecidos pela fundação organizadora responsável. O Quadro 5.3 apresenta um resumo comparativo entre os principais elementos presentes em cada modelo avaliativo.

Quadro 5.3 – Elementos presentes nos métodos de gerenciamento da qualidade total

Item	PEQ	PNQ	Malcom Baldrige	Deming
Liderança	Sim	Sim	Sim	–
Estratégia	Sim	–	Sim	Sim
Políticas	–	Sim	Sim	Sim
Parcerias e recursos	Sim	–	–	–
Processos (incluindo qualidade)	Sim	Sim	Sim	Sim
Resultados-chave do desempenho	Sim	Sim	Sim	–
Informações e conhecimento	–	Sim	Sim	Sim
Pessoas	Sim	Sim	Sim	–
Clientes	Sim	Sim	Sim	–
Sociedade	Sim	Sim	–	–
Mercado	–	–	Sim	–
Organização e operação	–	–	–	Sim
Educação	–	–	–	Sim

Fonte: Adaptado de Hourneaux Junior, 2005, p. 53.

No Brasil, o PNQ é um importante mecanismo de promoção da gestão da qualidade, motivo pelo qual trataremos especificamente dele na próxima subseção.

5.3 Prêmio Nacional da Qualidade (PNQ)

O Prêmio Nacional de Qualidade (PNQ) é o maior indicador nacional de excelência em gestão para empresas com sede no país. Qualquer organização pode participar da premiação, independentemente de seu porte e do setor em que atue. O Modelo de Excelência em Gestão está em constante aperfeiçoamento e, atualmente, sua 21ª edição é composta por oito fundamentos, conforme descrito no Quadro 5.4. Cada fundamento se desdobra em diversos temas, dos quais cascateiam processos com indicadores e ferramentas de medidas adequadas e referências apropriadas.

Quadro 5.4 – Fundamentos do Modelo de Excelência em Gestão do PNQ

N.	Fundamento	Descrição
1	Pensamento sistêmico	"Compreensão e tratamento das relações de interdependência e seus efeitos entre os diversos componentes que formam a organização, bem como entre estes e o ambiente com o qual interagem."
2	Aprendizado organizacional e inovação	"Busca e alcance de novos patamares de competência para a organização e sua força de trabalho, por meio da percepção, reflexão, avaliação e compartilhamento de conhecimentos, promovendo um ambiente favorável à criatividade, experimentação e implementação de novas ideias capazes de gerar ganhos sustentáveis para as partes interessadas."
3	Liderança transformadora	"Atuação dos líderes de forma ética, inspiradora, exemplar e comprometida com a excelência, compreendendo os cenários e tendências prováveis do ambiente e dos possíveis efeitos sobre a organização e suas partes interessadas, no curto e longo prazos – mobilizando as pessoas em torno de valores, princípios e objetivos da organização; explorando as potencialidades das culturas presentes; preparando líderes e pessoas; e interagindo com as partes interessadas."
4	Compromisso com as partes interessadas	"Estabelecimento de pactos com as partes interessadas e suas inter-relações com as estratégias e processos, em uma perspectiva de curto e longo prazos."
5	Adaptabilidade	"Flexibilidade e capacidade de mudança em tempo hábil, frente a novas demandas das partes interessadas e alterações no contexto."

(continua)

(Quadro 5.4 – conclusão)

N.	Fundamento	Descrição
6	Desenvolvimento sustentável	"Compromisso da organização em responder pelos impactos de suas decisões e atividades, na sociedade e no meio ambiente, e de contribuir para a melhoria das condições de vida, tanto atuais quanto para as gerações futuras, por meio de um comportamento ético e transparente."
7	Orientação por processos	"Reconhecimento de que a organização é um conjunto de processos, que precisam ser entendidos de ponta a ponta e considerados na definição das estruturas: organizacional, de trabalho e de gestão. Os processos devem ser gerenciados visando à busca da eficiência e da eficácia nas atividades, de forma a agregar valor para a organização e as partes interessadas."
8	Geração de valor	"Alcance de resultados econômicos, sociais e ambientais, bem como de resultados dos processos que os potencializam, em níveis de excelência e que atendam às necessidades e expectativas as partes interessadas."

Fonte: Elaborado com base em FNQ, 2017b.

Uma organização pode utilizar os materiais fornecidos pela FNQ para sistematizar sua avaliação de desempenho organizacional fundamentada na gestão da qualidade ou até mesmo para se inspirar, em um estágio de preparação, e mobilizar seus funcionários para a temática. A FNQ (2017a) disponibiliza diversos materiais, para diferentes níveis de envolvimento e maturidade no tema, conforme mostraremos a seguir.

Para as etapas mais elementares, está disponível a publicação *Primeiros passos para a excelência* (FNQ, 2014b), destinada a orientar as organizações em fase inicial de desenvolvimento do programa de melhoria da gestão. Nesse nível, as organizações ainda não concorrem às premiações, mas podem avaliar sua colocação e se preparar para uma candidatura futura aos prêmios regionais e setoriais. O próximo estágio é atendido pela publicação *Critérios compromisso com a excelência* (FNQ, 2014a), também voltada às organizações iniciantes, mas que já começaram a medir seu desempenho e perceber melhorias.

Para o terceiro estágio, existe a publicação *Critérios rumo à excelência* (FNQ, 2011), dedicada às organizações "cujo sistema de gestão está em franca evolução e já demonstra competitividade e atendimento às expectativas de partes interessadas em vários resultados" (FNQ, 2017a). Esse é o passo que antecede aquele em que se encontram as empresas capacitadas a participar da premiação nacional. As organizações desse nível já podem, porém, submeter-se ao processo de avaliação para concorrer aos prêmios setoriais e estaduais. Os materiais referentes a esses três estágios estão disponíveis gratuitamente no *site* da FNQ, em formato digital, de acordo com a 20ª edição do Modelo de Excelência em Gestão.

Por fim, para o estágio principal, existe o *Guia de referência da gestão para excelência*, voltado às organizações que se encontram em níveis avançados de implementação da gestão da qualidade e têm interesse em participar da premiação nacional (o PNQ), cuja pontuação máxima é da ordem de mil pontos. Para ter acesso a essa publicação, é preciso adquiri-la *on-line* no *site* da fundação.

Entre os pontos fortes do PNQ estão sua **adaptabilidade** para diferentes portes organizacionais, sua **linguagem simples**, que permite **fácil acesso aos materiais**, e sua **ampla difusão e reconhecimento** no país. Um dos pontos historicamente fracos do PNQ é a rigidez de suas dimensões, que, mesmo tendo sido alteradas com o passar dos anos, são fixas e não moduláveis. Embora o Modelo de Excelência em Gestão forneça uma grande quantidade de material e referências para cada indicador, tema e fundamento, a ausência de uma dimensão estratégica é uma característica negativa inerente ao PNQ.

Apesar de as etapas de implementação do Modelo de Excelência em Gestão geralmente serem demoradas, a FNQ oferece diversos produtos para capacitar as empresas e inseri-las em uma comunidade de aprendizado, além de acompanhar as empresas filiadas nessa trajetória.

Estudo de caso

A empresa Master Sistemas Automotivos Ltda. é uma organização do grupo de empresas Randon. Trata-se da maior fabricante de freios pneumáticos e hidráulicos para veículos comerciais da América do Sul. Entre seus produtos, encontram-se sistemas de atuação e controle (como válvulas e câmaras), patins de freios e eixos expansores para veículos como caminhões, ônibus, reboques e semirreboques.

Fundada em 1986, em 2014 a organização foi uma das que obtiveram o reconhecimento máximo no âmbito da excelência em gestão no Brasil – o Prêmio Nacional da Qualidade (PNQ). Pode parecer um processo rápido, mas a trajetória com destino à excelência foi longa. Nos primeiros cinco anos de existência, a empresa implementou três ferramentas de qualidade – 8D, FMEA e *kanban* – e ganhou o Prêmio de Qualidade Autolatina. Entre 1992 e 1996, implantou os métodos Controle Estatístico de Processo (CEP) e *kaizen* e certificou-se com o sistema ISO 9001. Mas, para o diretor Sérgio Luiz Onzi, os primeiros passos significativos foram dados em 1997, quando a empresa aderiu ao Programa Gaúcho de Qualidade e Produtividade (PGPQ). A partir de então, foram adicionadas ao menos mais 12 ferramentas de qualidade – a Master foi, por exemplo, uma das primeiras empresas do segmento de autopeças a obter a ISO 14001.

Seus esforços na implementação e no desenvolvimento da gestão da qualidade e na melhoria de competitividade foram logo reconhecidos. Em 1999, a empresa levou o troféu Bronze; em 2000 e 2001, o troféu Prata; em 2002 e 2003, o troféu Ouro; e, em 2012 e 2015, o troféu Diamante no Prêmio Qualidade RS, a maior premiação concedida pelo PGQP. Logo após a primeira grande distinção recebida pelo ciclo regional, em 2014, a empresa conquistou o reconhecimento nacional do PNQ, que foi seguido de uma grande realização de produtividade e competitividade: em 2016, a empresa alcançou sua marca histórica de 11 milhões de freios produzidos.

Fonte: Elaborado com base em FNQ, 2017a; Master, 2017.

5.4 Críticas à gestão da qualidade

A literatura sugere que a gestão da qualidade é uma prática organizacional que ganhou grande notoriedade entre as empresas, mesmo antes de ser ampla e extensivamente estudada pela academia (Powell, 1995). Todavia, existem muitas críticas feitas a essa prática organizacional e às características predominantes das empresas que a adotam.

Um estudo seminal, realizado no começo da década de 1990 com dados empíricos de 54 empresas norte-americanas, por exemplo, apontou a relevância dos **recursos de características intangíveis** na implementação das ferramentas de gestão da qualidade com melhor desempenho em relação à concorrência (Powell, 1995). Nesse estudo, comparou-se o desempenho de empresas de diferentes tamanhos e setores, que haviam implementado ou não o GQT, com o objetivo de contribuir com a teoria e a prática sobre a relação entre o GQT e a gestão estratégica.

Powel (1995) afirma, primeiramente, que as ferramentas da gestão da qualidade estão relacionadas à geração de valor econômico para a empresa, podendo se configurar em vantagens competitivas. No entanto, o autor chama atenção para que se considere quais são as **condições necessárias** para que a adoção dessas práticas possa de fato resultar em tais vantagens.

Além disso, argumenta que as ferramentas de gestão da qualidade são recursos imitáveis e passíveis de serem aplicados por diversas empresas. Contudo, existem recursos intangíveis e difíceis de serem imitados, que podem ser desenvolvidos pelas organizações – e que podem ser o principal diferencial a permitir que a implementação da gestão da qualidade leve a um melhor desempenho organizacional, gerando vantagens competitivas. Com base em sua pesquisa, Powell (1995, p. 28) comenta que o sucesso da implementação do GQT parece estar mais relacionado a **fatores comportamentais** – como liderança, cultura e habilidades organizacionais – do que a ferramentas e técnicas do próprio GQT, como treinamento dos funcionários e melhorias de processos.

Outros autores também atribuem a características intangíveis, como **a cultura organizacional**, a responsabilidade por uma boa implantação do GQT nas empresas. Kaynak (2003, p. 409, tradução nossa), por exemplo, refere-se a outros 11 artigos para embasar essa posição e defende que "a implementação bem-sucedida do GQT requer mudança efetiva na cultura organizacional, e é quase impossível mudar uma organização sem um esforço gerencial concentrado na melhoria contínua, comunicação aberta e cooperação ao longo da cadeia de valor".

Para os autores Prajogo e Sohal (2001), a literatura da gestão da qualidade concorda em assumir que o GQT, quando implementado com sucesso, é uma prática organizacional que gera vantagem competitiva. Entretanto, eles argumentam que, à medida que os mercados evoluem e as preferências dos consumidores e as condições de troca mudam, é possível acreditar que os aspectos relacionados à gestão da qualidade passam a se tornar a nova base da concorrência. Ou seja, só restarão no mercado os concorrentes que tiverem o **mínimo de princípios da gestão da qualidade em exercício**, e ter um GQT não será mais uma vantagem competitiva, pois será de uso comum. Alguns autores comentam que, em um futuro próximo, outros critérios poderão tornar-se fontes de vantagem competitiva, como a "**flexibilidade**, a **capacidade de resposta** e, em particular, a **inovação**" (Prajogo; Sohal, 2001, p. 539, tradução e grifo nossos).

Mas como escapar da armadilha de investir em um programa de gestão da qualidade que tem chances de se tornar pouco estratégico no futuro? Apesar de não ser uma postura unânime, existem muitos autores que enxergam certa complementaridade entre a implementação de programas de GQT e o **fomento à inovação** na organização (Prajogo; Sohal, 2001). Por esse motivo, nos próximos capítulos, aprenderemos essa questão e buscaremos combinar o que abordamos até aqui sobre gestão da qualidade com os conceitos de *criatividade, inovação e execução*.

■ Síntese

A gestão da qualidade teve grande influência na área que estuda métodos de avaliação de desempenho organizacional e, por isso, iniciamos este capítulo reforçando a relevância do tema, mostrando sua inserção na literatura acadêmica. Examinaremos também aspectos sobre a implementação do GQT nas organizações, que conta com quatro estágios:

1. identificação e preparação;
2. entendimento administrativo e compromisso;
3. esquemas de melhoria;
4. análise crítica.

Em seguida, apresentamos uma relação das contribuições dos princípios da gestão da qualidade para o campo das avaliações de desempenho organizacional, dando destaque para a iniciativa brasileira da FNQ – o PNQ, que tem como objetivo "inspirar, mobilizar e capacitar as organizações para que busquem, continuamente, a excelência por meio da melhoria na sua gestão" (FNQ, 2017a).

Por fim, abordamos brevemente algumas críticas que têm sido feitas à gestão da qualidade, entre as quais está o fato de que a implementação bem-sucedida do

GQT está relacionada a aspectos intangíveis da organização, e abrimos caminho para os próximos capítulos, nos quais trataremos dos conceitos de *criatividade*, *inovação* e *execução* no contexto da melhoria contínua.

Exercícios resolvidos

1. Qual é a relevância do *benchmarking* na busca pela melhoria contínua? Comente.

    Resolução: O *benchmarking* é um método muito utilizado na gestão da qualidade para identificar boas práticas e exemplos em outros ambientes e estabelecer bases de comparação na busca pela melhoria no desempenho. Pode ser de três formas: interno, competitivo e comparativo. O primeiro consiste em procurar referências em outros departamentos e organizações, com vistas a otimizar processos e reduzir erros. O segundo se constitui em uma "comparação cruzada" dentro de um setor industrial, com o objetivo de identificar as lacunas em relação às demais organizações analisadas, tendo como base o produto ou serviço, as funções, os departamentos ou mesmo a organização. O terceiro vai além e consiste em uma comparação entre todos os setores da organização, com o propósito de buscar referências em todas as suas áreas de operação (Kanji; Asher, 1996).

2. Como premiações de avaliação de desempenho e qualidade, como o Prêmio Nacional da Qualidade (PNQ), podem contribuir para uma organização que busca implementar ferramentas de gestão da qualidade?

    Resolução: Conforme mencionamos, a avaliação de desempenho organizacional vai além da simples medição de indicadores, pois implica avaliação, controle e melhoria de processos fundamentados em dados reais da organização. O PNQ oferece uma base em âmbito nacional, tanto para aplicar essas avaliações nas empresas e gerar indicadores de desempenho quanto para servir de referência na comparação entre a organização sob análise e as demais que atuam no país, já filtradas por setor, porte e região. Como as próprias ferramentas de gestão da qualidade são a inspiração para a criação das premiações, a participação nos processos de avaliação de desempenho contidos nas premiações deve conduzir à implementação da gestão da qualidade na empresa.

■ Questões para revisão

1. (Cespe – 2014 – MDIC) Com referência ao modelo de excelência gerencial e à gestão de projetos, de processos e de qualidade, julgue o item seguinte.

    Uma organização que fomenta a abertura de canais de comunicação internamente, de modo a garantir que os colaboradores sigam as mudanças de gosto e atitudes dos clientes, está de acordo com as bases do controle da qualidade total proposto por Kaory Ishikawa.

    ( ) Certo

    ( ) Errado

    Agora, comente sua resposta

2. (Esaf – 2013 – Dnit) Assinale a opção que não representa um fundamento do Modelo de Excelência da Gestão da Fundação Nacional da Qualidade:
    a. Pensamento sistêmico.
    b. Aprendizado organizacional.
    c. Visão de futuro.
    d. Valorização de pessoas.
    e. Desenvolvimento de sistemas de informação.

3. A gestão da qualidade consiste na aplicação de estudos de abordagem qualitativa para medir o caráter subjetivo da qualidade e da satisfação do cliente. Comente essa afirmação.

4. (Bio Rio – 2014 – Nuclep) Foco no cliente, liderança, envolvimento das pessoas, abordagem de processo, abordagem sistêmica para a gestão, melhoria contínua, abordagem factual para tomada de decisão e benefícios mútuos nas relações com os fornecedores são princípios da gestão da qualidade. O princípio da abordagem factual para a tomada de decisão tem como uma de suas aplicações:
    a. estabelecer medidas e objetivos para dirigir e rastrear oportunidades de melhorias.
    b. estabelecer claramente a responsabilidade e a autoridade para gerenciar o processo.
    c. garantir que os dados e as informações sejam suficientemente precisos, confiáveis e acessíveis.
    d. fazer com que a melhoria contínua de produtos, processos e sistemas seja um objetivo de cada indivíduo na organização.

e. estabelecer relacionamentos com fornecedores que equilibrem ganhos de curto prazo com considerações de longo prazo para a organização e toda a sociedade.

5. (Cespe – 2014 – TJ-CE) As avaliações de desempenho têm propósitos relacionados a duas dimensões: desenvolvimento e gestão. Na primeira, as avaliações dão subsídio para a formação de competências; na segunda, servem para a tomada de decisão acerca das demais práticas de gestão de pessoas. Assim, permitir o planejamento de carreira, reconhecer os méritos dos desempenhos individuais, melhorar a comunicação, documentar decisões pessoais e definir candidatos à promoção são, respectivamente, exemplos de objetivos de avaliação de desempenho associados a:

   a. gestão, gestão, desenvolvimento, gestão e desenvolvimento.
   b. desenvolvimento, desenvolvimento, gestão, gestão e desenvolvimento.
   c. gestão, desenvolvimento, gestão, desenvolvimento e desenvolvimento.
   d. gestão, desenvolvimento, desenvolvimento, gestão e gestão.
   e. desenvolvimento, gestão, gestão, desenvolvimento e gestão.

■ Questão para reflexão

1. Reflita sobre o PNQ e sobre os métodos de avaliação de desempenho organizacional apresentados neste capítulo. Quais são as características principais dessas ferramentas e o que você mudaria para adequá-las à implementação de empresas de serviços da economia compartilhada, como Uber e Airbnb?

■ Para saber mais

OLIVEIRA, G. T. de; MARTINS, R. A. Efeitos da adoção do modelo do Prêmio Nacional da Qualidade na medição de desempenho: estudos de caso em empresas ganhadoras do prêmio. **Gestão & Produção**, São Carlos, v. 15, n. 2, p. 247-259, maio/ago. 2008. Disponível em: <http://www.scielo.br/pdf/gp/v15n2/a04v15n2>. Acesso em: 19 jun. 2017.

Para saber mais sobre as experiências de empresas brasileiras com o processo de avaliação do PNQ, recomendamos a leitura desse estudo empírico, que foi realizado com base em três das quatro empresas ganhadoras do PNQ em 2005. O artigo apresenta indícios de mecanismos externos e internos de incentivo, desenvolvidos mediante a aplicação do Modelo de Excelência em Gestão.

6 Mudanças contínuas e pensamento criativo

Conteúdos do capítulo:
- *Concepção de ideias.*
- *Criatividade pessoal.*
- *Abordagem das aberturas.*
- *Criatividade nos negócios.*
- *Resolução de problemas.*

Após o estudo deste capítulo, você será capaz de:
1. demonstrar como utilizar o pensamento criativo para assimilar as mudanças na realidade atual;
2. explicar as características do pensamento criativo e mostrar como é possível potencializá-lo;
3. definir e elencar as etapas da abordagem de aberturas para o pensamento criativo;
4. compreender diferentes técnicas criativas de resolução de problemas.

LÍVIA TIEMI BASTOS

Como abordamos no capítulo anterior, a essência da gestão da qualidade pode ser resumida no princípio da melhoria contínua. A gestão da qualidade é uma prática organizacional pautada na busca constante pela oferta de produtos e serviços que melhor satisfaçam os clientes e, para isso, existem técnicas e ferramentas que são aplicadas com esse intuito. Esclarecemos, também que, para executar uma boa implementação da gestão da qualidade, não basta à empresa importar essas ferramentas sem que haja o desenvolvimento de habilidades organizacionais intangíveis que incorporem essas práticas à cultura da organização. Com o foco em habilidades que contribuam para identificar e desenvolver melhorias, neste e no próximo capítulo examinaremos os conceitos de *criatividade* e *inovação* e mostraremos como a execução associada a esses conceitos na organização está incorporada no desenvolvimento da melhoria contínua.

6.1 A habilidade de criar

Até pouco tempo atrás, o cotidiano das pessoas era permeado por diversos hábitos e práticas, os quais eram supridos por produtos e serviços que hoje já não fazem mais parte das rotinas pessoais ou não têm mais tanta importância. Em geral, os círculos sociais eram locais ou, no máximo, regionais e, para se comunicarem constantemente com a família e os amigos, as pessoas precisavam ou de muito tempo, ou de muito dinheiro. O acesso às informações sobre os acontecimentos do mundo dependia de organizações tradicionais, como jornais, rádios e televisões, cujas matérias eram produzidas e veiculadas por profissionais como jornalistas, editores e apresentadores. Para aprenderem um ofício ou uma profissão, os indivíduos tinham a opção de ir a escolas e universidades ou de ser aprendizes *in loco* e adquirir conhecimento com a experiência prática.

Hoje, há uma facilidade imensa para conhecer pessoas de – literalmente – qualquer lugar do mundo. É possível até mesmo estabelecer comunicação com outras pessoas em tempo real e de graça, por meio da internet e de aplicativos instalados em *smartphones*. Em poucos segundos, é possível ter acesso a notícias provenientes de todo tipo de fonte de informação, desde as mais sólidas e seguras até as totalmente questionáveis. Se uma pessoa quiser estudar em uma faculdade, aprender um ofício ou simplesmente se aprofundar em um tema, muitas vezes sequer precisa estar no mesmo lugar que os seus professores, pois existem instituições de ensino que oferecem ensino a distância (EaD); cursos abertos, gratuitos e pagos, disponibilizados por faculdades renomadas; formação *on-line* e capacitada; além de uma infinidade de vídeos gratuitos espalhados em *sites* como YouTube e Vimeo.

Em um mundo que muda cada vez mais rápido, a estabilidade está se transformando gradualmente em uma ilusão e buscá-la é uma tarefa cada vez mais difícil. Por outro lado, uma nova característica se tornou não só essencial como necessária para as organizações que quiserem permanecer no mercado: a **criatividade**. Para atuar no ambiente de negócios contemporâneo, o pensamento criativo e a inovação são habilidades altamente valiosas. As organizações estão crescentemente enfrentando desafios competitivos em razão do ritmo acelerado das mudanças tecnológicas (Hung et al., 2010). As rupturas estão acontecendo cada vez mais e a uma velocidade sem antecedentes, e a maioria das organizações já percebeu que, para conseguir manter sua posição no mercado ou crescer dentro dele, não há alternativa a não ser aprender a se adaptar.

A criatividade torna possível a prosperidade neste mundo em constante mudança, pois desbloqueia um universo de possibilidades para as organizações. Além disso, com o aumento do exercício da criatividade na prática, em lugar de problemas, obstáculos e desafios, passa-se a enxergar potencial e oportunidades para criar soluções inovadoras (Seelig, 2012). Desse modo, a criatividade torna-se uma ferramenta para reconhecer e assimilar as mudanças do mundo. Mas, como podemos definir *criatividade* e *inovação*?

A diferença entre esses conceitos pode ser entendida primeiramente do ponto de vista das raízes etimológicas das palavras. Segundo Amorim e Frederico (2008, p. 77), os dois conceitos têm origem no latim: "o termo criatividade deriva do latim *'creare'*, que significa criar, inventar, fazer algo novo. Inovação vem do latim *'innovare'*, que significa tornar novo, mudar ou alterar as coisas introduzindo-lhes novidades, renovar". Enquanto o primeiro conceito se refere à **geração de ideias**, é possível relacionar o segundo a um aspecto prático: o de **implementar as ideias** geradas pela criatividade (Amorim; Frederico, 2008).

Como complemento, Govindarajan e Trimble (2010) propõem que o melhor entendimento do conceito de *inovação* emerge quando se consegue enxergá-la como a **soma da criatividade com a execução**, sem simplesmente assumir que seja equivalente à criatividade. Para eles, a criatividade é a habilidade de se ter uma grande ideia, enquanto a inovação remete à ideia de executá-la, convertê-la em um negócio de sucesso. Assim, tomando por base essa abordagem, neste capítulo, trataremos em detalhes do conceito de *criatividade*.

6.2 Promovendo a criatividade pessoal

Segundo a mitologia da Grécia antiga, a criatividade humana era fruto de inspiração de origem divina, propiciada por um grupo de nove deusas chamadas *musas*, cada uma responsável por uma área artística, desde poesia e música até história e astronomia (Hansen, 2013). Mesmo nos dias de hoje, existe uma linha de artistas e profissionais que acredita na origem e na formação divina do pensamento criativo. Essas pessoas relatam que buscam inspiração em um foco externo e etéreo durante as etapas criativas de suas atividades. No entanto, essa opinião está longe de ser consenso na literatura acadêmica, conforme mostraremos a seguir.

A definição mais básica de *criatividade* é: a habilidade de trazer algo novo à existência (Charantimath, 2011). Criatividade é, portanto, o mecanismo de descoberta por meio do qual as ideias são geradas (Majaro, 1988). Em essência, criatividade é simplesmente a produção de novas ideias apropriadas em qualquer ramo de atividade humana, incluindo a ciência, as artes, a educação, os negócios e a vida cotidiana (Amabile, 1997). É um processo que antecede a inovação, sendo também um pré-requisito para ela. A ênfase na habilidade – e não na atividade de trazer à existência algo novo – indica essa relação de antecedência. Uma pessoa pode, por exemplo, mediante o pensamento criativo, conceber algo novo e imaginar como isso seria útil, mas não forçosamente pôr em prática as ações necessárias para tornar sua visão uma realidade, concretizando uma inovação (Charantimath, 2011).

Dica: No próximo capítulo, avançaremos na discussão sobre a definição de *inovação*, seus tipos e algumas tendências da atualidade.

Dessa forma, tendo como base a abordagem que considera a criatividade como uma habilidade, podemos considerar que seja possível desenvolvê-la, em vez de compreendê-la como uma característica genética exclusiva de umas pessoas e não de outras. Dado esse ponto de vista, como é possível exercitar tal habilidade? Para Vieira (2004, p. 101), é preciso, em primeiro lugar, pensar: o sujeito deve reagir às informações, motivar-se pelos questionamentos e fomentar a busca de soluções, evitando o conformismo natural e negando-se a adotar uma postura passiva diante da vida. Para esse autor, uma pessoa criativa seria aquela que se permite ser carregada pelos seus pensamentos, dando liberdade aos questionamentos e até induzindo-os, para evitar o conformismo diante das situações que encara.

Fique atento!
A criatividade pode ser considerada uma habilidade, e não simplesmente uma característica inata. É por isso que todos podem desenvolvê-la!

Predebon (2001) afirma que existem algumas medidas que podem ser tomadas para que se possa destravar e desenvolver o pensamento criativo. Ele entende que os seres humanos em geral são avessos à mudança e muito mais favoráveis à rotina, ao conforto da estabilidade e do que já lhe é conhecido. Claro que, para essa regra, não poderia deixar de haver exceção e, por esse motivo, certamente é fácil identificar pessoas que não se encaixam nessa descrição. O mesmo autor atesta, contudo, que o comportamento da maioria das pessoas tende para a necessidade da organização como um **meio de sobrevivência**, em vez de se deixarem arrebatar pelo impulso de mudança e pela ousadia, que as direcionariam ao incerto e ao ambíguo. Os seres humanos são sujeitos a um estímulo natural que os induz a não ser criativos, e o pensamento crítico é contrário ao fluxo normal do raciocínio lógico (Predebon, 2001). Por essa razão, Predebon (2001) acredita que as pessoas devem **ser ativas** e buscar iniciativas, pensamentos e gatilhos que lhes proporcionem a motivação necessária para exercer a criatividade e, assim, desencadear o processo por ele descrito:

> Gero motivação, que otimiza minha competência; minha competência gera mais criatividade; minha criatividade gera mais sucesso; o sucesso gera mais resultados gratificantes e estes, finalmente, se traduzirão em mais motivação. Completa-se dessa forma um processo que chamo de "círculo ideal da criatividade". Retroalimentador, ele passa a definir uma vida mais fecunda e feliz. (Predebon, 2001, p. 149)

Além desse processo destinado a desenvolver a ação criativa, o autor também apresenta a abordagem das **aberturas** – sua tese sobre como de fato é possível desenvolver a criatividade. Em síntese, a abordagem das aberturas parte da ideia de que uma pessoa mais criativa também pode ser considerada mais "aberta" quando é observado com atenção um conjunto de cinco características principais: flexibilidade, articulação, comunicabilidade, inquietude e leveza.

Quadro 6.1 – Características principais das pessoas abertas

Característica	Descrição em um contexto comportamental complexo
Flexibilidade	A pessoa não adota uma posição definitiva. Ela se permite rever seus valores e convicções sem que isso lhe cause grandes traumas. Concorda que "tudo é relativo".
Articulação	A pessoa tem um alto grau de conciliação e participação no ambiente. Ela gosta de se manter informada e de viver em sociedade. É um pouco idealista e desprendida.
Comunicabilidade	A pessoa é extrovertida. Consegue estabelecer fáceis pontes de comunicação com o mundo. Transmite e recebe mais que os outros em geral.
Inquietude	A pessoa é questionadora e prospectiva. Ela duvida de muitas coisas e sempre quer conferir a validade de normas e consensos. É aventureira no campo mental e material. Em geral, tem uma atitude empreendedora.
Leveza	Ela consegue não levar o mundo a sério demais sem ser superficial. Mantém o bom humor com mais facilidade e de forma natural. E ri bastante, até de si mesma.

Fonte: Elaborado com base em Predebon, 2001, p. 65.

Como é possível ver no Quadro 6.1, juntando-se as letras iniciais de cada uma das características elencadas, forma-se a palavra **fácil**, que resume o entendimento do autor sobre uma pessoa aberta. Em contrapartida, Predebon (2001, p. 66) descreve uma pessoa fechada como: **P**reocupada (em vez de leve), **E**spectadora (em vez de articulada), **D**ura (em vez de flexível), **R**efratária (em vez de comunicativa) e **A**comodada (em vez de inquieta). Nesse caso, juntando-se as letras iniciais de cada característica, forma-se a palavra **pedra**, que apresenta um contraponto às pessoas abertas e resume de maneira interessante as características das pessoas fechadas.

Qual solução poderia ser proposta para o tipo de pessoa "pedra", caso ela queira fomentar e exercitar o pensamento criativo? É nesse contexto que surgiu a abordagem das aberturas, que se divide em três campos: "a abertura das emoções para o autoconhecimento, a abertura dos sentidos para uma visão sistêmica e a abertura da mente como ponte para o inconsciente" (Correia, 2004, p. 43).

A **abertura da emoção** é resumida pelo autor como a "flexibilização da escala de valores pessoais", com o objetivo de "fugir", mesmo que parcialmente, das limitações ocasionadas pelo próprio modelo mental (Predebon, 2001, p. 75). Os valores do indivíduo e seu modo de enxergar o mundo influenciam seu comportamento no espectro que engloba desde seus vieses e tendências até suas "compulsões" (Predebon, 2001, p. 75). Com essa flexibilização, é possível desenvolver um olhar de aceitação para a realidade circundante, tendo em mente que ela é muito relativa e existem várias formas de ver o mundo.

Muitos profissionais que trabalham com *design* e desenvolvimento de produtos e serviços reconhecem a **empatia** como uma habilidade fundamental para o início do processo criativo (Dunne; Martin, 2006). Trata-se da capacidade de se colocar no lugar do outro e buscar compreender sua visão, de ser flexível a ponto de enxergar e valorizar a opinião do outro e ser tolerante quanto às divergências de convicção e aos desafios que essas diferenças ocasionam. Uma linha mais recente de pesquisas aponta para os efeitos positivos que o trabalho multidisciplinar e a diversidade na composição dos grupos de trabalho exercem sobre o potencial do pensamento criativo (Vissers; Dankbaar, 2002).

A **abertura dos sentidos** é resumida pelo autor como a "otimização da percepção" (Predebon, 2001, p. 83) e da interação do indivíduo com o mundo que o cerca. Essa interação se dá por meio dos sentidos humanos (visão, audição, olfato, paladar e tato), e é por meio dela que se tem acesso às informações disponíveis ao nosso redor. Como o potencial, as habilidades e as competências do indivíduo se alimentam dessas informações, ele pode melhorá-las ao otimizar sua percepção, exercendo-as e aproveitando-as em um nível superior. Para isso, Predebon (2001) sugere que **os sentidos sejam explorados com curiosidade aguçada**, como a de uma criança que está começando a descobrir o mundo ou a de um turista conhecendo uma realidade nova.

A humanidade está vivendo na Era da Informação e as pessoas têm acesso aos mais diversos tipos de notícias com uma rapidez e uma facilidade nunca antes experimentadas. De acordo com a Fundação para a Pesquisa Científica e Industrial da Noruega (Stiftelsen for industriell og teknisk forskning – Sintef), a maior organização independente de pesquisa daquele país, apenas no intervalo entre 2011 e 2013 foram produzidos 90% do total de dados e informações disponíveis no mundo em março de 2013 e essa quantidade continua crescendo em valor exponencial a cada ano (Sintef, 2013). O que é escasso, entretanto, são **filtros**, orientações de como identificar, receber, analisar e processar todas as informações disponibilizadas diariamente. Nisso consiste o real desafio da atual geração: decidir constantemente para onde deve voltar a percepção, de que forma, com que frequência e em quais fontes pode confiar para expandir seu repertório de dados.

A **abertura da mente** é resumida por Predebon (2001, p. 90) como a valorização da "prática intermitente de pensamento livre das limitações e condicionamentos vindos do raciocínio lógico". Contudo, não se engane! Não se trata de uma recomendação absoluta para retirar a lógica do processo criativo. Trata-se da recomendação do uso regular e não contínuo do levantamento de ideias sem julgamento, da possibilidade de gerar alternativas mediante combinações, associações, fantasias e bom humor – às vezes até beirando o surreal. Essas ideias, posteriormente, serão submetidas ao crivo adequado para se julgar sua utilidade, dado o contexto do pensamento criativo (Predebon, 2001).

Assim, a prática regular e intermitente consiste em alternar, complementar e combinar o pensamento livre com o pensamento objetivo, buscando-se aproveitar o melhor dos dois mundos. Existem, hoje, muitas soluções, produtos e serviços que um dia já estiveram no campo das ideias absurdas, surreais ou impossíveis. O que você imagina que uma pessoa dos anos 1980 responderia se lhe fosse perguntado o que ela acha das possibilidades elencadas abaixo?

- Poder falar ao vivo e de graça com outras pessoas em diversos cantos do país ou do mundo.
- Poder até mesmo enxergar essas pessoas ao mesmo tempo em que fala com elas.
- Compartilhar em tempo real seus pensamentos em um diário disponível ao público geral.
- Compartilhar em tempo real, em foto ou vídeo, tudo o que acontece ao seu redor a cada momento.
- Sair de casa sem se preocupar em aprender o trajeto a percorrer para chegar a um lugar novo.
- Ter em mãos a tradução, a qualquer momento, de qualquer texto em mais de cem línguas.
- Ter uma enciclopédia – ou melhor, várias – ao alcance da mão a qualquer instante.

Hoje, tudo isso pode parecer trivial, mas essas soluções eram inimagináveis para uma pessoa comum naquela época, e só se tornaram possíveis graças à criação, ao desenvolvimento e à difusão de produtos e serviços extremamente disruptivos e inovadores, como a internet, o telefone celular e o *smartphone*. Muitas pessoas, quando questionadas em pesquisas de mercado sobre o que achariam de soluções inovadoras como as listadas anteriormente, falharam em notar o valor e a utilidade dessas soluções que se tornariam tão fundamentais nos dias de hoje. Tanto que, às vezes, nem se percebe quão revolucionário foi o pensamento criativo por trás delas. Mas, para chegar a soluções inovadoras, tanto incrementais quanto disruptivas, é de grande benefício exercitar o pensamento livre que transita no campo das ideias absurdas.

Por fim, Predebon (2001) observa que é preciso fazer a ressalva de que **nem todas as pessoas mais abertas são, também, as mais criativas**. Porém, ele constata sem hesitação que as pessoas que são ao mesmo tempo criativas e fechadas são a minoria. Por isso, a sugestão do autor é que as pessoas que quiserem desenvolver todo o potencial do seu pensamento criativo podem se beneficiar muito com a abordagem das aberturas (Predebon, 2001).

Fique atento!

Segundo o autor Predebon (2001):

- Há um estímulo natural para as pessoas não serem criativas e o pensamento crítico é contrário ao fluxo normal do raciocínio lógico.
- As pessoas devem buscar motivação para superar essa barreira natural que as afasta do pensamento criativo, em especial no ambiente de trabalho.
- A abordagem das aberturas é um método que auxilia a potencializar o aperfeiçoamento do pensamento criativo individual.

6.2.1 Intersecção da criatividade

O ponto de vista que toma a criatividade como uma habilidade passível de ser desenvolvida abre a possibilidade de interpretação tanto no âmbito do pensamento criativo individual, quanto no das organizações. Conforme Amabile (1997, p. 42, tradução e grifo nosso), a criatividade individual é formada por três componentes principais: "***expertise***, habilidade de **pensamento criativo** e **motivação intrínseca** à tarefa", e a sobreposição dos três componentes é o que essa autora chama de **intersecção da criatividade**, conforme retratado na Figura 6.1.

Figura 6.1 – Modelo de componentes da criatividade

Fonte: Adaptado de Amabile, 1997, p. 43, tradução nossa.

O componente *expertise* refere-se às **habilidades que um indivíduo já domina**, considerando-se que as "contribuições criativas não ocorrem no vácuo, mas estão alicerçadas em um amplo conhecimento da área em que se está atuando" (Alencar; Fleith, 2003, p. 4). O componente *habilidades criativas* refere-se a **elementos de resolução de problemas**, como "estilo de trabalho, estilo cognitivo, domínio de estratégias que favoreçam a produção de novas ideias e traços de personalidade" (Alencar; Fleith, 2003, p. 4). O componente *motivação intrínseca à tarefa* refere-se "à **satisfação** e **envolvimento** que o indivíduo tem pela tarefa, independente de reforços externos, e engloba interesse, competência e autodeterminação" (Alencar; Fleith, 2003, p. 4, grifo nosso). De acordo com Amabile (1997, p. 42), quanto maior for o nível dos três componentes, maiores serão as chances de o desempenho criativo acontecer. A seguir, analisaremos como a criatividade individual se relaciona com a organizacional.

6.3 Promovendo a criatividade nos negócios

Um modo de fomentar a criatividade na carreira, nas atividades e no ambiente de trabalho é conservando a **motivação intrínseca**. Ela é o impulso que pode manter o indivíduo engajado em uma atividade ou em um trabalho, por ser "interessante, envolvente, excitante, satisfatório ou particularmente desafiador" (Amabile, 1997, p. 40, tradução nossa). Em contrapartida, Amabile (1997, p. 44, tradução nossa) define a motivação extrínseca como o impulso que provém do "desejo de alcançar alguma meta que vá além do próprio trabalho, como a obtenção de uma recompensa prometida, o cumprimento de um prazo ou a vitória em uma competição". O que determina se a motivação extrínseca vai combinar positivamente com a intrínseca ou se vai depreciá-la é o **estado inicial** de motivação do indivíduo, o tipo de **motivador extrínseco** usado e o **momento** em este que foi aplicado (Amabile, 1997). No entanto, vários estudos científicos demonstraram que a motivação intrínseca inicial é mais capaz de contribuir para a criatividade do que uma motivação extrínseca inicial.

Apesar de uma grande porção da motivação intrínseca ser uma função da personalidade individual, o **ambiente social** da pessoa também pode ter um efeito significativo sobre a motivação individual. Em outras palavras, a pessoa precisa fazer o que ama, mas também amar o que faz (Amabile, 1997). Para alcançar resultados superiores de pensamento criativo no ambiente de trabalho, seria interessante, portanto, balancear esses dois pontos principais. Primeiramente, o indivíduo deve buscar trabalhos que combinem com os assuntos que ele domina, com a sua *expertise*, suas habilidades de pensamento crítico e suas motivações intrínsecas. Em segundo lugar, ele precisa achar um ambiente de trabalho que lhe permita manter o foco de sua motivação intrínseca e, ao mesmo tempo, explorar novas ideias (Amabile, 1997).

Para refletir

Albert Einstein, um dos maiores gênios da história e uma das figuras mais importantes para o desenvolvimento da ciência e da tecnologia de todos os tempos, é um exemplo que clarifica a questão do balanço entre motivação intrínseca e o papel do ambiente de trabalho. O cientista revelou que, depois de se formar em uma escola cujo clima era de coerção, permeado por um forte sentimento de dever e obrigação, passou quase um ano sentindo total desgosto ao considerar qualquer pensamento científico

(Amabile, 1997, p. 41). Ou seja, mesmo uma pessoa com características individuais genialmente notáveis, que transformou radicalmente nosso entendimento sobre o universo, um dia considerou não prosseguir na área que era sua paixão, em razão da grande influência do ambiente desmotivador no qual estava inserido.

Finalizados seus estudos, ele resolveu sair do ambiente acadêmico e trabalhar em um escritório suíço de patentes, em uma posição burocrática, ao mesmo tempo que passou a desenvolver seus pensamentos nas condições que permitiram o florescimento de suas ideias: discutindo com seus colegas mais próximos e pesquisando longe do ambiente hierárquico e rígido da academia daquela época (Lagerstrom, 2017). A decisão de Einstein de sair do círculo desmotivador que reprimia sua criatividade foi crucial para que, mais tarde, ele pudesse encontrar e potencializar sua motivação intrínseca em um contexto diferente, em um local de trabalho que permitisse o aperfeiçoamento de seu pensamento criativo. Hoje entendemos como essa decisão impactou nossa vida. Suas contribuições científicas foram importantes para o avanço da ciência e da tecnologia em diversos campos, entre eles: eletromagnetismo, sistemas de GPS, sistemas fotoelétricos, usinas nucleares, aceleradores de partículas, monitores e televisores.

Quais são as características que promovem a criatividade em ambientes organizacionais? Certamente podemos tomar como certas a difusão dos dados e a divergência entre realidades, em virtude do número de incertezas e complexidades que envolvem esses aspectos. Entretanto, a pesquisa acadêmica pode nos ser útil ao chamar atenção para algumas considerações.

Segundo Woodman, Sawyer e Griffin (1993, p. 29, tradução e grifo nosso), a **criatividade organizacional** é uma "função dos **resultados criativos** de seus grupos componentes e das **influências contextuais**, como cultura organizacional, sistemas de recompensas, restrições de recursos, e assim por diante". Esses autores também observam que as principais características organizacionais que se relacionam com o resultado criativo são a "liderança democrática e colaborativa, uma estrutura orgânica e não mecanicista, grupos compostos por indivíduos de diversos campos ou com experiências em funções diferentes", além da disponibilidade de recursos e dos padrões de comunicação (Woodman; Sawyer; Griffin, 1993, p. 302, tradução nossa).

Em uma pesquisa conduzida por cinco pesquisadores em uma amostra de uma empresa internacional de tecnologia de ponta, com mais de 30 mil funcionários ao redor do globo, verificou-se que todos os aspectos do ambiente de trabalho influenciavam a diferença entre ambientes de alta e baixa criatividade, mas com diferentes níveis de influência (Amabile, 1997). Recursos, pressão da carga de trabalho e liberdade contribuíram relativamente menos do que outros aspectos. Os que mais se destacaram pela correlação positiva foram: desafios positivos, encorajamento organizacional, grupos de apoio, encorajamento dos supervisores e impedimentos organizacionais. Esses estudos deixam ainda mais claro que o ambiente de trabalho pode influenciar, em grande parte, o pensamento criativo de um indivíduo.

Amabile (1997, p. 54) considera que, apesar de ter sido verificada a importância dos fatores motivacionais para garantir o desenvolvimento do potencial criativo dos indivíduos em uma organização, é preciso prestar atenção ao tipo de motivação extrínseca e ao contexto em que ela funciona, para combiná-la com a motivação intrínseca e gerar, assim, um ambiente de trabalho que fomente a criatividade individual. Por exemplo, em uma empresa, jogos coletivos podem exercer uma motivação muito maior para os funcionários do que um concurso para um prêmio individual.

Como o sentimento positivo de desafio no trabalho foi um dos principais fatores preditivos de criatividade, Amabile (1997) faz uma recomendação de extrema importância: combinar as pessoas com atividades que utilizem e estendam suas habilidades, o que pode ser de grande valor para a organização. Parece intuitivo e trivial, mas, hoje em dia, é muito raro identificar empresas brasileiras que atuem com esse tipo de abordagem.

Por fim, a autora acredita que as pessoas deveriam receber ao menos os recursos adequados para a condução de suas atividades de trabalho e, no mínimo, um intervalo de tempo suficiente para considerar abordagens alternativas.

Para resumirem as características que interagem entre a criatividade individual e a criatividade em grupo, Woodman, Sawyer e Griffin (1993) apresentaram as seguintes considerações:

- A criatividade do indivíduo é uma função de suas condições antecedentes, de estilos cognitivos, habilidades, personalidade, fatores motivacionais e conhecimento.
- Os fatores individuais não apenas são influenciados por fatores sociais e contextuais como também os influenciam.
- O grupo no qual a criatividade individual ocorre estabelece as influências sociais imediatas que atuarão sobre ela.
- A criatividade individual contribui para a criatividade em grupo.

Fique atento!

Segundo Amabile (1997):

- A motivação intrínseca é o impulso que pode manter o indivíduo engajado em um trabalho ou em uma atividade por ser interessante, envolvente, excitante, satisfatória ou particularmente desafiadora.
- A motivação extrínseca é o impulso que provém do desejo de alcançar alguma meta que vá além do próprio trabalho, como a obtenção de uma recompensa prometida, o cumprimento de um prazo ou a vitória em uma competição.
- O ambiente social, ou ambiente de trabalho da pessoa, pode ter um efeito significativo sobre a criatividade individual ao influenciar os componentes individuais e por isso é preciso balanceá-lo com as motivações intrínsecas.

6.4 Usando a criatividade na resolução de problemas

Quando pensamos em grandes exemplos históricos de pessoas que se destacaram pela sua criatividade, normalmente é o valor de suas ideias que nos faz julgá-las grandes "pensadores criativos", conforme argumenta Charantimath (2011, p. 316, tradução nossa). Para esse autor, o **valor** é um pressuposto importante da resolução criativa de problemas, pois, se uma solução criativa não trouxer melhorias, ela não é considerada uma solução e muito dificilmente ficará marcada na história. Nesse âmbito, é preciso manter em mente que **valor**, **melhoria** e **aprimoramento** não se dissociam da criatividade. Aliás, são fatores essenciais da resolução criativa de problemas – até mesmo quando se considera a palavra *problema* em seu sentido mais amplo, como uma situação improvável (Charantimath, 2011).

Apesar de os problemas encontrados no curso de um processo de inovação poderem ser resolvidos com *expertise* técnica individual, experiência e engenhosidade, Geschka (1983, p. 169) defende que as ideias elaboradas para resolvê-los, em especial quando se trata do planejamento de produtos, também podem ser geradas sistematicamente, usando-se um grupo de **técnicas de criatividade**. A seguir, vamos analisar o estudo feito por esse autor sobre o uso dessas técnicas no planejamento de produtos.

Existem mais de 50 técnicas de criatividade ou métodos de geração de ideias conhecidos, que podem ser classificados sob dois pontos de vista diferentes. O ponto de vista do **princípio do funcionamento** é subdividido em duas vertentes: "as ideias que podem ser geradas pelo estímulo da intuição das pessoas envolvidas – métodos que promovam o pensamento intuitivo – e as ideias geradas pela abordagem sistemática do problema – métodos sistemáticos de geração de ideia" (Geschka, 1983, p. 170, tradução nossa). O ponto de vista do **princípio do desencadeamento de ideias** também é subdividido em duas vertentes: "as ideias que resultam da variação e do desenvolvimento subsequente de outras ideias e conceitos (associação ou formação de correntes de ideias) ou as ideias que resultam do confronto com impressões não relacionadas com o problema em questão" (Geschka, 1983, p. 171, tradução nossa). O Quadro 6.2 combina os dois pontos de vista em uma matriz.

Quadro 6.2 – Classificação de técnicas criativas

Princípio do funcionamento	Princípio do desencadeamento de ideias	
	Associação/Variação	Confronto
Estímulo da intuição	Métodos intuitivos de associação	Métodos intuitivos de confronto
	Ex.: *Brainstorming, brainwriting* e método 635.	Ex.: Análise de palavras estimulantes.
Estrutura sistemática	Métodos de variação sistemática	Métodos de confronto sistemático
	Ex.: Morfologia conceitual multidimensional.	Ex.: Matriz morfológica e desenvolvimento efetivo de estímulos

Fonte: Adaptado de Geschka, 1983, p. 172, tradução nossa.

Entre todas as técnicas criativas, a mais amplamente conhecida e de uso universal no mundo dos negócios é o **brainstorming**, que, em suma, consiste no levantamento do maior número de ideias que o grupo consegue gerar relacionadas a determinado problema, por mais remota que a sugestão possa parecer (Charantimath, 2011). O **brainwriting** é uma extensão do *brainstorming* e envolve colocar as ideias no papel, tanto para manter um registro de todos os palpites como para reduzir potenciais efeitos negativos de grupo (Geschka, 1983). O **método 635** é um esquema similar, no qual seis pessoas devem cada uma gerar três ideias e escrever em um papel, que rodará no grupo cinco vezes para que cada um adicione sugestões para cada folha todas as vezes (Sawyer, 2011).

Na **análise de palavras estimulantes** é feito um confronto de concepções aparentemente desconexas, com vistas a estimular a geração de ideias para o problema em questão. Para uma série de objetos não relacionados com o problema, as pessoas determinam os princípios inerentes, as estruturas, as funções e assim por diante, de modo a "buscar soluções espontâneas com base nesse confronto" (Geschka, 1983, p. 174).

Segundo a técnica da **morfologia conceitual multidimensional**, o problema é dividido em elementos, subproblemas ou subfunções, que agem como parâmetros. Para cada uma dessas unidades é identificada uma solução alternativa que, em seguida, será conectada a todas as outras, gerando uma grande variedade de soluções globais (Geschka, 1983). A **matriz morfológica**, por sua vez, apresenta apenas dois parâmetros e é muito útil no começo da definição da estratégia, pois permite identificar campos de trabalho promissores e condensa as possíveis soluções (Geschka, 1983).

Empresas que utilizam técnicas criativas para a resolução de problemas, além de registrarem uma experiência válida com essas atividades, costumam relatar aumento da criatividade individual de seus funcionários, melhora no comportamento de comunicação, maior habilidade de integração nos grupos e maior apreciação das capacidades dos colegas (Geschka, 1983).

Fique atento!

- Existem diversas técnicas de criatividade para serem usadas no processo de planejamento de um produto.
- Elas podem ser agrupadas em uma matriz 2 × 2 para facilitar a escolha da técnica mais adequada ao problema que se pretende resolver.
- A aplicação de técnicas criativas para a resolução de problemas no ambiente de negócios é muito benéfica. Existem muitas técnicas disponíveis; o importante é não deixar de experimentar.

Estudo de caso

O que você pensaria de uma empresa que permite que seus funcionários separem 15% de sua jornada de trabalho para se dedicarem a projetos pessoais de criatividade e geração de ideias próprias, sem que haja redução de salário?

Sim, você entendeu corretamente.

Nessa empresa, os funcionários seriam pagos para pensar e aproveitar esse tempo como bem entendessem, tendo em vista o objetivo organizacional de dar a eles a oportunidade de perseguir as próprias ideias e desenvolver projetos pelos quais são apaixonados. Parece, no mínimo, um programa muito moderno e inovador, não é mesmo? Além disso, esse programa dificilmente conseguiria alcançar muitos resultados, já que talvez os funcionários não utilizassem esse tempo de uma forma muito útil, que gerasse resultados para a empresa. O que você acha?

Na realidade, esse programa foi lançado em 1948 em uma empresa criada em 1902, e uma das invenções mais conhecidas dessa organização multibilionária surgiu em um desses momentos de "lazer pago" promovidos pela corporação. Art Fry, na época um desenvolvedor de novos produtos da 3M, concebeu, em 1974, sua ideia de marcador de página adesivo (que mais tarde passou a ser chamado de *Post-it*) durante esse tempo livre que ele tinha no trabalho.

A 3M é uma empresa reconhecidamente inovadora – em 2015, ela registrou sua patente número 100.000 – e bem-sucedida, tendo superado, em 2013, US$ 30 bilhões em vendas em todo o mundo. Ela possui cerca de 80 mil produtos distribuídos em 46 plataformas tecnológicas e atua em setores diversos – desde adesivos e abrasivos até cerâmica e nanotecnologia. E, apesar de ter 115 anos, seu potencial criativo não reduziu com o passar do tempo. Aliás, cerca de um terço do faturamento provém de produtos criados nos últimos cinco anos.

Além desse programa antigo, conhecido como *Tempo 15%*, a empresa tem diversos outros programas e iniciativas que, juntos, compõem um ambiente de trabalho que não é apenas favorável ao desenvolvimento do pensamento criativo individual, mas também abre espaço para sinergias e colaborações entre seus funcionários.

Nesse sentido, a empresa estabeleceu, nos anos 1960, uma sociedade – a Carlton Society – e um prêmio para reconhecer os méritos da comunidade científica da própria empresa. Ganhar um Carlton Prize significa receber uma grande honra e ainda permite que a pessoa integre uma comunidade exclusiva, comparável a um Prêmio Nobel local. No âmbito das sinergias e colaborações entre os funcionários, a empresa promove grupos de interesse chamados *Tech Forums*, que são ambientes nos quais os engenheiros compartilham suas ideias e novas tecnologias e podem se conectar com qualquer pessoa dentro da empresa que possa colaborar com seus projetos.

Fonte: Elaborado com base em 3M, 2017; Smithsonian Institution, 2014, 2017.

■ Síntese

Conforme abordamos no início do capítulo, vivemos em um período no qual as organizações enfrentam cada vez mais instabilidades e incertezas, mesmo nos setores mais tradicionais e perenes. Os seres humanos são sujeitos a um estímulo natural que os induz a não ser criativos e o pensamento crítico é contrário ao fluxo normal do raciocínio lógico. É preciso, portanto, buscar motivação para superar essa barreira natural que afasta as pessoas do pensamento criativo, em especial no ambiente de trabalho.

No entanto, há uma luz no fim do túnel: a criatividade torna possível a prosperidade neste mundo em constante mudança e desbloqueia um universo de possibilidades para as organizações. A habilidade de criar e trazer algo novo à existência pode ser o fator que garantirá a permanência de uma organização no mercado. E, quando considerada como uma habilidade, e não simplesmente como um dom inato, a criatividade passa a ser uma característica que todos podem desenvolver. Nesse sentido, a abordagem das aberturas é um método que os auxilia a potencializar o aperfeiçoamento do pensamento criativo individual.

Explicamos que a motivação intrínseca é o impulso que pode manter uma pessoa engajada em um trabalho ou em uma atividade, ao passo que a motivação extrínseca é o impulso que provém do desejo de alcançar alguma meta que vá além do próprio trabalho. O ambiente profissional pode ter um efeito significativo sobre a criatividade individual, sendo necessário balanceá-lo com as motivações intrínsecas.

Neste capítulo, também mostramos como promover o pensamento criativo individual e na organização. Esclarecemos que existem diversas técnicas de criatividade para serem usadas no processo de planejamento de um produto e que sua aplicação na resolução de problemas no ambiente de negócios também é muito benéfica. Por fim, apresentamos algumas dessas técnicas criativas de resolução de problemas.

Exercícios resolvidos

1. Qual pressuposição distingue uma solução criativa para um problema de apenas uma ideia? Comente.

    Resolução: Segundo Charantimath (2011), o valor é o pressuposto da resolução criativa de problemas que a diferencia de uma simples ideia. Desse modo, a criatividade deve vir acompanhada dos conceitos de valor, melhoria e aprimoramento, de modo que as soluções criativas sejam reconhecidas como valorosas resoluções para problemas. Como exemplo, vamos considerar, com base em Senor e Singer (2011), o caso de uma goteira que foi a precursora de uma empresa inovadora presente em mais de cem países. Depois de observar uma árvore frondosa que crescia em uma terra árida, aparentemente sem acesso à água, Simcha Blass resolveu investigar a situação. Ele notou que havia um cano subterrâneo com um pequeno vazamento próximo ao local, o que permitia que a árvore crescesse, mesmo com a escassez de água na região. Identificado o problema da falta de acesso à água em regiões áridas, Blass baseou-se nessa situação para desenvolver o processo inovador de irrigação por gotejamento. Ele poderia ter simplesmente furado canos subterrâneos, mas certamente teria dificuldade de vender esse produto, em razão da impossibilidade de controlar a vazão de água. Depois de pesquisar materiais adequados que permitiriam a emissão controlada e prolongada de água, Blass desenvolveu uma solução criativa e melhorada e fundou a empresa Netafim. Ele patenteou um mecanismo de plástico vazado que, quando inserido em uma mangueira apropriada, libera uma quantidade determinada de água por um período específico.

2. Como o caso da 3M (abordado na seção "Estudo de caso") se relaciona ao conteúdo examinado neste capítulo e no restante do livro?

    Resolução: A empresa é bastante associada à inovação, em especial por fomentar a criatividade de seus colaboradores. O estudo de caso sobre a empresa 3M ilustrou o potencial da criatividade como vantagem competitiva, contribuindo para manter a empresa no mercado por longos períodos. Conforme observado nos capítulos anteriores, a gestão da qualidade é uma prática organizacional que envolve o exercício constante de ofertar produtos e serviços com vistas à satisfação do cliente e que está centrada no princípio da melhoria contínua. A 3M oferece um exemplo de como uma organização pode criar uma cultura organizacional que esteja em sintonia com a constante busca por melhor satisfazer seus clientes, por meio do fomento à criatividade.

■ Questões para revisão

1. Reflita sobre a criatividade e escolha a alternativa correta:
    a. A criatividade é o último estágio do processo de desenvolvimento da inovação.
    b. A criatividade é uma característica inerente ao ser humano e não pode ser impulsionada.
    c. A criatividade é uma das habilidades secundárias para exercer um cargo de liderança na diretoria de uma empresa.
    d. A criatividade é um mecanismo de descoberta por meio do qual as ideias são geradas.
    e. Criatividade é a habilidade de ressignificar o contato físico com o ambiente de trabalho.

2. Segundo Predebon (2001), qual é a regra geral e os recursos recomendados para as pessoas se manterem motivadas para o pensamento criativo?

3. Para promover a criatividade no ambiente de trabalho, Amabile (1997) recomenda:
    a. aliar um plano rigoroso de aprendizado organizacional a um aconselhamento de carreira e um mentor.
    b. focar apenas a motivação intrínseca individual, que é a fonte exclusiva de pensamento criativo.
    c. coordenar as habilidades criativas com a *expertise* e a motivação e fomentar um ambiente de trabalho motivador.
    d. pedir permissão ao superior direto para estabelecer precedentes tanto na diretoria quanto na secretaria de recursos humanos.
    e. coordenar a motivação intrínseca com a motivação extrínseca, sendo a segunda mais relevante para fomentar o pensamento criativo.

4. Explique a abordagem das aberturas e cite os cinco pontos principais de diferença entre uma pessoa considerada "aberta" e outra considerada "fechada".

5. Tendo como base a classificação de técnicas criativas de Geschka (1983), escolha a alternativa correta:

   a. A morfologia conceitual multidimensional é um método de estrutura sistemática e confronto.
   b. No método 635, todos os participantes têm a oportunidade de contribuir com suas ideias e complementar as dos demais.
   c. Para que o método de análise de palavras estimulantes seja desenvolvido corretamente, é preciso fazer o confronto apenas de palavras semelhantes.
   d. Existem poucas opções de técnicas criativas para resolução de problemas, por isso é preciso escolhê-las com zelo.
   e. O *brainstorming* é uma tática para acompanhar o desenvolvimento de seus competidores.

■ Questão para reflexão

1. Pense por um momento em seu ambiente de trabalho ou de estudos. Quais são as características desse ambiente que mais o estimulam a exercitar seu pensamento criativo?

■ Para saber mais

SAWYER, R. K. **Explaining Creativity**: the Science of Human Innovation. Oxford: Oxford University Press, 2011.

Se você desejar aprofundar seu conhecimento sobre as últimas pesquisas científicas relacionadas ao tema da criatividade, recomendamos a leitura dessa obra de Robert Keith Sawyer. Ela apresenta diferentes abordagens para a criatividade, tanto individuais como socioculturais, e esclarece como é possível melhorar as habilidades nessa área.

CATMULL, E. **Criatividade S.A**.: superando as forças invisíveis que ficam no caminho da verdadeira inspiração. Rio de Janeiro: Rocco, 2014.

Para saber mais sobre as experiências da Pixar, uma das organizações mais reconhecidas internacionalmente pela sua criatividade e capacidade de alcançar resultados de sucesso pela aplicação dessa característica, recomendamos esse livro de Ed Catmull, um dos três cofundadores da empresa. Ele aborda o surgimento e a história da instituição e apresenta temas interconectados para estudar o sucesso e o aprendizado alcançado pela Pixar. Essa obra evidencia como a cultura organizacional pode contribuir para fomentar soluções criativas e permitir que a organização alcance excelência e perenidade.

7 Gestão da qualidade e inovação

Conteúdos do capítulo:
- *O que é inovação e o que não é.*
- *Inovação fechada × inovação aberta.*
- *Inovação do usuário.*
- *Crowdsourcing, cocriação e inovação social.*

Após o estudo deste capítulo, você será capaz de:
1. *entender a complexidade que rege a definição de inovação e os principais componentes teóricos que fundamentam o conceito;*
2. *compreender a diferença entre invenção e inovação e enumerar as principais características dessa diferença;*
3. *demonstrar a discrepância entre os principais tipos de inovação;*
4. *identificar os pontos principais das novas tendências de inovação, de inovação aberta, cocriação e inovação social, relacionando-as a fatores comportamentais e conjunturais da atualidade.*

LÍVIA TIEMI BASTOS

A gestão da qualidade é uma prática administrativa consolidada ao redor do mundo e tem como principal propósito a melhoria do desempenho organizacional. Sua história teve início na metade do século XX nas empresas japonesas do setor industrial, em particular nas que pertenciam ao setor automotivo e seus fornecedores (Powell, 1995). Com o passar do tempo, as práticas foram sendo difundidas entre os mais diversos setores, inclusive em empresas da área de saúde, educação e serviços.

Entre as organizações fortemente relacionadas com a gestão da qualidade está a Toyota, uma das principais responsáveis por disseminar essas práticas pelo mundo. Ela é considerada uma das empresas mais inovadoras do seu setor nas áreas de *design* e manufatura de automóveis e em decorrência disso já recebeu vários prêmios e outras manifestações de reconhecimento. Mas o que isso quer dizer? O que é, afinal, inovação?

7.1 Construindo o conceito de *inovação*

A inovação é considerada por muitos autores da área de administração uma **fonte crítica de vantagem competitiva**, em especial no atual ambiente de negócios, marcado pelas constantes mudanças (Schumpeter, 1934; Powell, 1995; McGrath et al., 1996). Hamel (1999) chega a argumentar que a inovação é a única forma mediante a qual as empresas podem criar novas riquezas. O termo *inovação* é usado amplamente entre profissionais de diversas áreas, em diferentes formas, variando sistematicamente conforme diversos níveis de análise. Uma rápida consulta a mecanismos de pesquisa – desde ferramentas acadêmicas até *sites* de busca genérica – pode gerar dezenas de milhares de resultados, dificultando o trabalho de entender o que significa esse conceito.

Muitas pessoas costumam confundir o significado das palavras de uso comum, por isso acabam usando o termo *inovação* como sinônimo de *criatividade*, *conhecimento* ou *mudança*, seja ela de que natureza for. West e Altink (1996) acreditam que o avanço das pesquisas no campo da inovação é favorecido pelo uso de definições claras para cada termo utilizado e apontam quatro aspectos consensuais quanto a certas características básicas que dizem respeito à definição do termo, as quais descreveremos a seguir.

A primeira característica básica da inovação é a **novidade**. Esta pode ser de caráter absoluto ou, simplesmente, uma novidade na unidade de adoção da inovação, ou seja, uma novidade transposta de outro campo de aplicação. Contudo, considerar que cada novidade seja uma inovação pode levar à armadilha de encarar toda mudança como inovação (West; Altink, 1996). Por isso, é preciso aliar outros aspectos à definição em análise aqui.

A novidade é o aspecto central da primeira definição de *inovação* encontrado na literatura, cunhada pelo economista Joseph Schumpeter na década de 1920. Segundo Leyden e Link (2015, p. 37, tradução nossa), Schumpeter relacionou a inovação com as novas combinações de produção que fundamentam o desenvolvimento econômico, englobando os seguintes tipos de novidade:

- criação de um novo produto ou de uma nova qualidade de produto;
- criação de um novo método de produção;
- abertura de um novo mercado;
- captura de uma nova fonte de suprimento;
- uma nova organização de determinado setor (como a criação ou a destruição de um monopólio).

Os tipos de novidade, como podemos notar, são vinculados ao contexto do ambiente de negócios. Para Schumpeter, a inovação era uma característica intimamente relacionada ao **empreendedorismo**. De acordo esse autor, o empreendedor tem uma capacidade clara de combinar recursos já existentes de modos novos e criativos, o que remete ao seu conceito de *inovação*. Posteriormente, ele também a definiu, de forma similar, como o resultado de **novos modos de organizar os insumos na função de produção** de uma empresa, de modo a gerar novos produtos ou conferir novas qualidades a produtos antigos (Leyden; Link, 2015).

A segunda característica básica da inovação é que ela deve ter um componente de **aplicação**. Dessa maneira, quando falamos em *inovação*, não estamos nos referindo simplesmente à geração de novas ideias em diferentes contextos, mas também à sua aplicação (West; Altink, 1996). Esse é o aspecto central abordado por Schumpeter, que diferencia *inovação* de *invenção*. Ele também comenta que colocar em vigor qualquer melhoria é uma tarefa completamente diferente de inventá-la, pois envolve "tipos de aptidões diversos" (Schumpeter, 1934, p. 88, tradução nossa). Confira, no Quadro 7.1, as principais diferenças entre invenção e inovação.

Quadro 7.1 – Diferenças entre invenção e inovação

Invenção	Inovação
Primeira ocorrência de uma ideia para um novo produto ou processo.	Comercialização de uma ideia – que não necessariamente precisa ser nova.
Elaboração – pode ocorrer em qualquer ambiente (ateliês, garagens, universidades).	Execução – ocorre no ambiente de mercado (organizações).
Ato de inteligência – depende de conhecimento acumulado.	Ato de vontade – depende de liderança.
Envolve conhecimento, habilidades científicas, técnicas ou específicas à criação da invenção.	Envolve um conjunto mais amplo de conhecimento e habilidades técnicas, operacionais, de *marketing* e de estratégia.

Fonte: Elaborado com base em Schumpeter, 1934; Charantimath, 2011.

Para refletir

Tom Grasty é um empreendedor digital norte-americano. Em artigo publicado em março de 2012 no *site* <mediashift.com>, ele resumiu sua opinião sobre os dois conceitos que estamos discutindo com este exemplo:

"*Se invenção fosse uma pedrinha lançada na lagoa, inovação seria o efeito de ondulação que a pedrinha causou. Alguém tem de atirar a pedra – esse é o inventor. Alguém tem de reconhecer que a ondulação eventualmente se tornará uma onda – esse é o empreendedor.*"

> Em seguida, ele explicou melhor essa relação entre inovação e empreendedorismo:
>
> *"Os empreendedores não param na beira da água. Eles assistem às ondulações e avistam a próxima grande onda antes que ela aconteça. E é o ato de antecipar e surfar a 'próxima grande onda' que impulsiona a natureza inovadora em cada empreendedor."*

Fonte: Elaborado com base em Grasty, 2012, tradução nossa.

Existe, portanto, uma grande lacuna entre a criação ou descoberta de uma invenção e a implementação de uma inovação. Esse hiato consiste na sequência de ações de gestão necessárias para levar a invenção ao mercado e de fato torná-la um produto ou serviço comercializável.

A terceira característica básica da inovação é a **intenção de benefício**, qualquer que seja a forma pela qual este é percebido – por meio de medidas econômicas e de produtividade, por medidas de satisfação, de marca, entre outras. A intenção de benefício pode ser dirigida tanto ao indivíduo (menor unidade de análise) quanto à sociedade (maior unidade de análise).

A busca por benefício ou melhoria é o que distingue uma inovação de uma mudança ocasional, que ocorreu por pura sorte (West; Altink, 1996). Também é o que a difere de uma sabotagem deliberada. Mudar algo apenas pelo prazer da mudança geralmente não é considerado uma inovação, uma vez que tal transformação pode ser desprovida de benefícios. Talvez o único benefício de uma alteração sem fundamento seja percebido pelo próprio agente da mudança, o qual pode estar desejando simplesmente demonstrar seu poder e seu controle ao provocá-la (West; Altink, 1996).

Podemos encontrar um exemplo desse tipo de situação quando há uma troca na direção de alguma equipe e o novo líder resolve mudar todas as práticas estabelecidas pelo anterior, com o claro intuito de demonstrar seu poder e sua capacidade de liderar a equipe, dadas as novas circunstâncias. Isso, no entanto, não significa necessariamente que o novo líder seja inovador.

Por fim, a quarta característica básica da inovação é que ela considera o aspecto do **processo de inovação**. Desse modo, a definição de *inovação* não se resume apenas a produtos ou serviços novos, introduzidos em contextos específicos, mas se expande para abranger também novas ideias inseridas no contexto de métodos, sistemas e na fase de desenvolvimento de produtos e serviços. Podemos perceber, então, que o conceito passa a apresentar dois componentes claros: inovação como **resultado** e inovação como em **processo**.

Essa segunda abordagem é enfatizada por Rickards (1996, p. 15, tradução e grifo nossos), que resume, em termos gerais, o conceito de *inovação* como um **"processo social de resolução de problemas de modo não rotineiro"**. Para ele, o fator mais importante que define o que é inovação é situacional, ou seja, varia de acordo com o contexto no qual ela foi reconhecida. O que é inovador para uma fabricante de aço pode não ser nada novo para uma empresa do setor de biotecnologia. Um processo inovador em uma companhia aérea pode ser pouco útil para uma grande indústria de varejo alimentício. Desse modo, o grau de novidade e utilidade da inovação pode chegar a tal nível de especificidade que, no sentido amplo de sua definição, cada firma deve chegar às suas próprias conclusões quanto ao que é inovador em seu contexto.

Como é possível perceber, há muitas opiniões teóricas sobre a inovação e sobre como definir o que a configura. No entanto, Crossan e Apaydin (2010) apresentam um conceito amplo, que consegue abranger todas as quatro características consensuais que mencionamos anteriormente: novidade, aplicação, intenção de melhoria e relação com o processo.

> Inovação é: a produção ou adoção, assimilação e exploração de uma novidade de valor agregado nas esferas econômica e social; a renovação e ampliação de produtos, serviços e mercados; o desenvolvimento de novos métodos de produção; e o estabelecimento de novos sistemas de gestão. É ao mesmo tempo um processo e um resultado. (Crossan; Apaydin, 2010, p. 1155, tradução nossa)

De modo semelhante, o conceito de *inovação* mais amplamente aceito é do *Manual de Oslo* (OCDE, 2005), que reconhece quatro tipos principais de inovação: de **produto** (bem ou serviço), de **processo**, de **método de *marketing*** ou de **método organizacional** nas práticas de negócios. Examinados todos os fatores complexos que fundamentam a definição ampla do conceito de *inovação*, o próximo passo é aprofundar um pouco mais a discussão sobre as dimensões que esse conceito pode ter.

Fique atento!

- A inovação é um conceito usado pelos mais variados tipos de profissionais e organizações, sendo que cada um deles, muito provavelmente, utiliza uma definição particular ou adiciona o próprio ponto de vista.
- Existem quatro características consensuais da inovação: novidade, aplicação, intenção de benefício e relação com o processo.
- *Invenção* não é sinônimo de *inovação* e existem diferenças fundamentais entre os dois conceitos.
- A característica situacional da inovação, que a torna relativa ao contexto no qual está inserida, amplia o domínio da definição do conceito.

7.2 Tipos de inovação

A inovação pode ser segmentada conforme diversos parâmetros, podendo ser classificada, assim, em muitos tipos diferentes. Os mais frequentes são os três pares de tipos opostos descritos no Quadro 7.2.

Quadro 7.2 – Principais tipos de inovação

Tipos de inovação
Inovação técnica ou administrativa
Inovação técnica: está diretamente relacionada ao processo produtivo e à atividade central da organização.
Inovação administrativa: está relacionada à coordenação e ao controle da firma, à estrutura e à gestão da organização, aos processos administrativos e aos recursos humanos. Na hierarquia, ocupa o posto superior à inovação técnica.
Inovação de produto ou processo
Inovação de produto: consiste em nova tecnologia que permite o desenvolvimento de novos produtos ou serviços que visam atender a uma necessidade de mercado e, assim, aumentar o poder da corporação.
Inovação de processo: consiste em novos elementos, equipamentos ou métodos introduzidos no sistema de produção da empresa para desenvolver um produto ou serviço.
Inovação radical ou incremental
Inovação radical: origina mudanças fundamentais nas atividades de uma organização ou setor em relação às práticas correntes. Introduz novas questões, desenvolve novas habilidades comerciais ou técnicas e novas maneiras de resolver problemas.
Inovação incremental: representa um ponto de partida diferente em relação às práticas existentes. Aumenta a capacidade já presente na organização.

Fonte: Adaptado de Camisón-Zornoza et. al., 2004, tradução nossa.

Em suma, a inovação é uma fonte de vantagem competitiva, mas cada tipo de inovação tende a gerar um tipo de vantagem diferente. As **inovações disruptivas** tratam de "reescrever as regras do jogo competitivo, criando uma nova proposição de valor". As **inovações radicais** resultam na "oferta de produtos ou serviços únicos ou com alto grau de novidade, geralmente com precificação *premium*". As **inovações complexas** geram "dificuldade de aprendizagem sobre a tecnologia envolvida", o que mantém altas as barreiras à entrada de novas empresas em seu mercado de atuação. As **inovações incrementais** geram um movimento contínuo em direção à fronteira de custo ou desempenho (Tidd, 2001, p. 170, tradução nossa).

Os diferentes tipos de inovação também são frequentemente relacionados a **setores específicos da economia**. As inovações de produto são mais enfatizadas em setores como telecomunicações e financeiro do que nos de transporte e varejo. Já as inovações de serviços, ao contrário, estão mais presentes justamente nos setores de varejo e transporte. Por fim, para o setor de serviços como um todo, há indícios de que as empresas privilegiem atividades de inovação incremental em lugar de inovação radical (Oke, 2007).

Fique atento!

- A inovação é uma fonte de vantagem competitiva, mas cada modo de inovação tende a gerar um tipo de vantagem diferente.
- A inovação técnica está diretamente relacionada ao processo produtivo, enquanto a inovação administrativa está ligada à coordenação e ao controle da firma, à estrutura e à gestão da organização, aos processos administrativos e aos recursos humanos.
- A inovação de produto consiste em uma nova tecnologia que permite o desenvolvimento de novos produtos ou serviços, ao passo que a inovação de processo é composta por novos elementos, equipamentos ou métodos introduzidos no sistema de produção da firma para desenvolver um produto ou serviço.
- A inovação radical origina mudanças fundamentais nas atividades de uma organização ou setor em relação às práticas correntes. Já a inovação incremental representa um ponto de partida de grau menor em relação às práticas existentes.

Nas subseções seguintes, vamos examinar alguns tipos mais específicos de inovação, muitos dos quais estão estreitamente ligados às tendências mais recentes no campo do empreendedorismo.

7.2.1 Inovação fechada × inovação aberta

Até pouco tempo atrás, o tema da inovação dentro das empresas era prontamente relacionado a muitos clichês, como o da imagem de grandes centros de pesquisa e desenvolvimento (P&D) realizando procedimentos com o uso de protocolos altamente secretos, longos processos de obtenção de patentes e a luta para proteger a propriedade intelectual da espionagem industrial. Esses aspectos se referem ao paradigma da **inovação fechada**. Nele predominava o "modelo linear de pesquisa" (Collins, 2006, p. 14, tradução nossa): a ciência básica conduz à pesquisa aplicada, o que impulsiona o desenvolvimento que permite a produção industrial.

Com os avanços da modernidade quanto ao acesso à informação, as melhorias na comunicação e a mobilidade dos recursos humanos qualificados em virtude da globalização, muitos desses clichês passaram a ser desafiados por um novo paradigma emergente, rodeado pelas grandes mudanças culturais dos últimos tempos. Assim, as organizações estão gradualmente aprendendo a quebrar as barreiras de seus centros de inovação com o intuito de atrair cada vez mais profissionais externos e organizações parceiras dos mais diversos tipos: acadêmicos, inventores, universidades, institutos de pesquisa, fornecedores, concorrentes e até mesmo clientes (Chesbrough, 2006).

De modo mais amplo, é nisso que consiste a **inovação aberta**: uma combinação de ideias internas e externas, bem como de trajetórias internas e externas para o mercado, para alavancar o desenvolvimento de novas tecnologias (Chesbrough, 2006). Em resumo, quando os processos da inovação extrapolam as fronteiras da organização, chamamos isso de *inovação aberta*. Essa abordagem complementa o antigo modelo linear de pesquisa, permitindo e fomentando a abertura e a colaboração entre as partes envolvidas no processo de inovação. No Quadro 7.3, é possível ver um grande contraste entre os princípios que fundamentam cada um desses paradigmas.

Quadro 7.3 – Princípios da inovação fechada e da inovação aberta

Princípios da inovação fechada	Princípios da inovação aberta
As pessoas mais inteligentes do nosso campo trabalham para nós.	Nem todas as pessoas inteligentes trabalham para nós. Precisamos trabalhar com pessoas inteligentes dentro e fora da nossa organização.
Para lucrar com P&D, nós precisamos descobrir, desenvolver e entregar as inovações.	P&D externo pode criar valor significativo. P&D interno é necessário para reivindicar uma parte desse valor.
Se nós mesmos descobrirmos, conseguiremos levar a inovação ao mercado primeiro.	A pesquisa não precisa ter origem conosco para lucrarmos com ela.
A empresa que consegue levar uma inovação ao mercado primeiro consegue ganhar.	Construir um modelo de negócios superior é melhor do que chegar ao mercado primeiro.
Se nós criarmos mais e melhores ideias no setor, nós ganharemos.	Se nós aproveitarmos ao máximo as ideias internas e externas, nós venceremos.
Nós deveríamos controlar nossa propriedade intelectual, de modo que nossos concorrentes não lucrem com nossas ideias.	Nós deveríamos lucrar quando outros usam nossa propriedade intelectual e deveríamos comprar a propriedade intelectual dos outros quando ela avançar sobre nosso modelo de negócios.

Fonte: Adaptado de Chesbrough, 2006, p. XXVI, tradução nossa.

Chesbrough (2006) apresenta em seu livro exemplos de iniciativas de inovação aberta em empresas que atuam em setores de alta tecnologia – como biotecnologia, farmacêuticos, semicondutores e computadores –, mas afirma que os conceitos de inovação aberta são aplicáveis a qualquer empresa que utilize alguma tecnologia. Karl Kosher, diretor do escritório de relações corporativas do programa de aliança industrial do Massachussetts Institute of Technology (MIT), acredita que "muitos setores sentem que a taxa de inovação, em especial em indústrias-chave como tecnologia da informação, nanotecnologia e biotecnologia, é tão rápida que eles não podem se dar ao luxo de ter apenas um centro interno de P&D para se garantirem em todas as bases" (Collins, 2006, p. 15, tradução nossa).

Fique atento!

Segundo Chesbrough (2006):

- A inovação aberta pode ser resumida como a combinação de ideias e trajetórias internas e externas para alavancar o desenvolvimento de novas tecnologias.
- A principal diferença entre a inovação aberta e a fechada é que na primeira a iniciativa extrapola as fronteiras da organização, enquanto na segunda todos os profissionais e recursos são provenientes de dentro da estrutura fechada da firma.

7.2.2 Inovação distribuída – inovação do usuário, *crowdsourcing* e cocriação

Como é frequente com termos relacionados a fenômenos e abordagens recentes na literatura, **inovação do usuário**, ***crowdsourcing*** e **cocriação** são conceitos ainda pouco precisos, aos quais se atribuem diferentes definições, utilizadas em contextos diversos. A seguir, apresentamos uma definição para cada termo que busca consolidar as contribuições recentes de diversos autores.

- **Inovação do usuário**

    A inovação de usuários é diferente de outras perspectivas na medida em que explora a "relação funcional" que um *stakeholder* tem com uma inovação. Investiga, portanto, os usuários ou comunidades de usuários como principais *stakeholders* e explora quando esses usuários inovam e compartilham suas inovações entre si ou com os produtores. [...] A inovação do usuário difere das perspectivas centradas na empresa, como a inovação aberta, porque as questões e os resultados giram em torno dos ganhos de utilidade para o usuário em vez de quaisquer benefícios pecuniários. No entanto, podem existir oportunidades de comercialização de inovações externas criadas ou codesenvolvidas pelos usuários para empresas com fins lucrativos, como exemplificado pela pesquisa sobre *kits* de ferramentas que permitem a coinovação com os usuários. (Bogers; West, 2012, p. 66, tradução nossa)

- ***Crowdsourcing***

  É um tipo de atividade *on-line* participativa em que um indivíduo, instituição, organização sem fins lucrativos ou empresa propõe a um grupo de indivíduos de conhecimento, heterogeneidade e quantidade variados, mediante uma chamada pública flexível, o empreendimento voluntário de uma tarefa. A realização da tarefa, de complexidade e modularidade variáveis e na qual a multidão deve participar, trazendo seu trabalho, dinheiro, conhecimento e/ou experiência, sempre implica benefício mútuo. O usuário receberá a satisfação de um determinado tipo de necessidade, seja econômico, seja em termos de reconhecimento social, autoestima ou desenvolvimento de habilidades individuais, enquanto o *crowdsourcer* [iniciador da atividade] obterá e usará a seu favor o que o usuário trouxer para a situação, cuja forma dependerá do tipo de atividade empreendida. (Estellés-Arolas; González-Ladrón-de-Guevara, 2012, p. 197, tradução nossa).

- **Cocriação**

  É o desenvolvimento colaborativo entre dois ou mais *stakeholders* [...] num processo que envolve fluxos de entrada e saída de conhecimento entre parceiros complementares, incluindo alianças verticais e horizontais [...] que podem refletir-se em alianças formais entre rivais diretos ou esforços de fornecedores para colaborar com consumidores. A cocriação pode criar inovação de produto, mas também gerar valor de modo mais geral. (Bogers; West, 2012, p. 67, tradução nossa).

7.2.3 Inovação social

A **inovação social** é simplesmente uma solução nova para determinado problema, que seja mais eficaz, eficiente, sustentável ou justa do que as soluções correntes (Eyring; Johnson; Nair, 2011). A diferença está na origem do problema – deve ser um **problema social** – e no destino para o qual o valor será criado – ou seja, deve se reverter primariamente para a sociedade e não para indivíduos isolados.

Algumas ramificações podem ser derivadas dessa ideia inicial. A **inovação de base** (*bottom-up*), por exemplo, consiste em uma inovação social com um interesse particular em melhorar as condições ou criar valor para os mais pobres, de modo que consigam subir na escala social (Hart; Prahalad, 2002). Para isso, a iniciativa de inovação é composta ou por membros dos extratos econômicos de base da sociedade, ou por indivíduos inseridos em imersão na realidade do público-alvo de suas inovações. Um exemplo disso se encontra no estudo de caso deste capítulo.

A **inovação reversa de base emergente**, por sua vez, consiste em uma inovação originalmente concebida para o mercado dos países emergentes que, depois de desenvolvida e implementada nesse contexto, pode ser aplicada também de acordo com a realidade dos países desenvolvidos. Essa reversão se deve ao fato de a inovação ter gerado valor não só para seu público-alvo, mas também para o Primeiro Mundo. Esse conceito é o oposto do fluxo tradicional, dos mercados desenvolvidos para os emergentes, no qual basta transpor os modelos de negócios dos países desenvolvidos e aplicá-los aos países em desenvolvimento (Eyring; Johnson; Nair, 2011).

Estudo de caso

O Chotukool é um caso renomado de inovação social. Consiste em um pequeno refrigerador portátil, sem compressor. Feito pela empresa indiana Godrej & Boyce por meio da cocriação entre a empresa e centenas de clientes potenciais, o produto tem uma trajetória interessante. Os fundadores da empresa fabricante descobriram que mais de 80% da população da Índia não dispunha de refrigeradores em casa – em especial a população rural – e, uma vez cientes disso, resolveram desenvolver uma solução para esse problema. Um caminho que a empresa poderia ter tomado seria partir do produto tradicional (uma geladeira com tecnologia de ponta) e retirar quase todas as suas funcionalidades e características, até chegar a uma versão simplificada e mais barata. Contudo, será que essa era a melhor alternativa para a equipe encarregada de desenvolver a inovação?

Outra alternativa seria praticar a empatia e buscar se colocar no lugar dos clientes. Quais eram as necessidades-chave daqueles que não tinham geladeira em casa? Em que eles estavam interessados? Qual era seu perfil? Como podemos facilmente imaginar, a empresa optou pela segunda alternativa: procurou conhecer melhor seu público antes de desenvolver a tecnologia, chegando a convidar um grande grupo de pessoas da sociedade para participar do projeto, por meio de cocriação, de modo que elas poderiam colaborar e fornecer suas opiniões sobre cada aspecto do *design* do produto.

E, assim, o produto foi criado: um pequeno refrigerador portátil, sem compressor e movido a bateria, com baixo custo operacional e baixo preço – menos de US$ 50 (cerca de 35% a menos que o refrigerador mais simples do mercado).

Hoje, a empresa continua inovando, agora por meio de um processo *bottom-up*. Com oito anos de conhecimento acumulado, adaptações e melhorias do produto, atualmente o Chotukool também apresenta versões para públicos diferentes da população rural de classe baixa. Versões menores e coloridas, para serem levadas em piqueniques, em momentos de lazer, em reuniões de trabalho ou mesmo para serem colocadas no quarto, ao lado da cama. O que antes era um produto destinado e cocriado com um foco específico em atender às necessidades de indivíduos localizados na base da pirâmide acabou originando outro produto, que serve às necessidades de públicos mais favorecidos economicamente. Uma inovação social que se transformou em inovação de base.

Fonte: Elaborado com base em Chotukool, 2017.

■ Síntese

A inovação é um conceito usado pelos mais variados tipos de profissionais e organizações, sendo que cada qual, muito provavelmente, utiliza uma definição particular ou adiciona o próprio ponto de vista. No começo do capítulo, destacamos a relação entre gestão da qualidade e inovação, mas, antes de tudo, precisávamos esclarecer o que se entende por *inovação*. Por isso, decompusemos o conceito em quatro características consensuais – novidade, aplicação, intenção de benefício e referência ao processo de inovação – e assim apresentamos nosso entendimento acerca do tema. Diferenciamos *inovação* de *invenção*, bem como analisamos alguns componentes da inovação e também seus seis tipos principais.

Na sequência, lembramos que não só o mundo é mutante, mas também os processos de inovação, que também são dinâmicos e estão evoluindo. Examinamos três novas tendências de inovação que têm causado muitas rupturas nos últimos anos (inovação do usuário, *crowdsourcing* e cocriação). Por fim, mediante o estudo de caso do produto Chotukool, mostramos uma iniciativa de inovação que transita por diversas tendências novas ao mesmo tempo e consegue entregar valor para os menos favorecidos.

Exercícios resolvidos

1. Defina *inovação técnica*, *administrativa*, *de produto* e *de processo*.

    Resolução: A inovação técnica está diretamente relacionada ao processo produtivo, enquanto a inovação administrativa tem a ver com a coordenação e o controle da firma, a estrutura e a gestão da organização, os processos administrativos e os recursos humanos. Já a inovação de produto consiste em novas tecnologias que permitem o desenvolvimento de novos produtos ou serviços, ao passo que a inovação de processo se resume a novos elementos, equipamentos ou métodos introduzidos no sistema de produção da empresa para desenvolver um produto ou serviço.

2. Qual a principal diferença entre a inovação aberta e a fechada?

Resolução: A principal diferença entre a inovação aberta e a fechada é que na primeira a iniciativa extrapola as fronteiras da firma, enquanto na segunda todos os profissionais e recursos são provenientes de dentro da estrutura fechada da firma. Como exemplo, podemos comparar duas empresas de setores diferentes: de um lado, uma empresa farmacêutica e, de outro, uma empresa de embalagens. A primeira está interessada em ser pioneira na fabricação de uma vacina nova para prevenir a doença zika. Para tanto, a empresa buscou contratar infectologistas, farmacêuticos e neurocientistas, além de desenvolver mecanismos de pesquisa em completo sigilo. A segunda empresa está interessada no desenvolvimento de uma embalagem nova a partir de cascas de banana com base no que está sendo estudado por um grupo de pesquisa universitária. Para isso, a empresa precisa desenvolver parcerias de pesquisa com a universidade, de modo que as futuras patentes resultantes dessa iniciativa terão de ser compartilhadas entre a empresa e a instituição educacional.

■ Questões para revisão

1. Segundo o *Manual de Oslo*, quais são os quatro tipos de inovação?

2. (Movens – 2008 – Sedect-PA) Segundo Peter Drucker, a empresa inovadora exige um clima de aprendizagem constante. Isso cria e mantém o aprendizado contínuo para todos na empresa.

   Considerando as razões que justificam que uma empresa se torne inovadora, julgue os itens abaixo como verdadeiros (V) ou falsos (F) e, em seguida, assinale a opção correta.

   I. A inovação desenvolve a economia. A inovação cria e transforma o novo conhecimento em novos produtos, processos ou serviços que satisfazem às necessidades das pessoas. Por isso, ela gera novos negócios e crescimento econômico.

   II. A inovação traz vantagens competitivas. A empresa deve estar continuamente analisando as tendências do mercado e os anseios do consumidor para poder inovar e aumentar sua competitividade.

   III. A inovação possibilita melhorar fracos desempenhos. O questionamento do fraco desempenho, associado à observação e à criatividade, pode condenar um produto ou serviço à obsolescência – e também pode ajudar a romper limites e fazer coisas melhores.

IV. Mesmo sendo bem administrada e criando novos negócios, a inovação na organização não gera novos empregos, mas, sim, desemprego.

A sequência correta é:

a. V, V, V, F.
b. F, V, V, V.
c. F, F, F, V.
d. V, F, F, F.

3. (FGV – 2010 – Fiocruz) No que concerne a inovação, assinale a afirmativa correta:

a. Inovação é uma ideia ou um objeto percebido como novo pelo indivíduo.
b. Inovação corresponde à efetiva aplicação prática de uma ideia ou invenção.
c. Inovação é o ato de criar uma nova tecnologia, processo ou objeto.
d. Inovação é a aquisição de um conhecimento novo por acaso ou sem esforço determinado, sem aplicação prática.
e. Inovação é a criação de uma solução técnica para um determinado problema.

4. (FGV – 2010 – Fiocruz) No que concerne a inovação radical, assinale a afirmativa correta:

a. Inovação radical consiste de pequenos avanços em tecnologias, produtos, processos ou serviços, tendo como objetivo melhorar o sistema existente, possuindo alta taxa de sucesso e baixo nível de incertezas envolvido.
b. Inovação radical é um produto, processo ou serviço que apresenta características de desempenho já conhecidas, que promovam melhorias significativas de desempenho ou custo.
c. Inovação radical abrange aperfeiçoamentos em *layouts* e processos, em novos arranjos logísticos e organizacionais e em novas práticas de suprimentos e vendas.
d. Inovação radical ocorre quando um produto ou mercadoria já existente recebe melhorias e ganha novo valor de mercado.

e. Inovação radical geralmente é fruto de atividades de P&D e tem um caráter descontínuo no tempo e nos setores, isto é, inaugura uma nova rota tecnológica.
5. Defina e compare a inovação aberta e a cocriação.

■ Questões para reflexão

Escolha de dois a cinco aparelhos eletrônicos ou outros utensílios e objetos que você tenha em casa, podendo ser desde celulares a lapiseiras, relógios, bolsas ou mochilas. Observe-os e reflita:

1. Você consegue identificar algum tipo de inovação nesses aparelhos ou utensílios em seus últimos dez anos de comercialização? E nos últimos 30 anos? Quais foram seus antecessores?
2. Que tipo de inovação você identificou? Por que se trata de inovação?
3. Que necessidades esses aparelhos ou utensílios suprem em sua vida?
4. Que alterações (incrementais ou radicais, técnicas ou administrativas, de produto ou processo de compra e uso) você faria para torná-los mais capazes de suprir melhor suas necessidades?

■ Para saber mais

CHRISTENSEN, C. M. **The Innovator's Dilemma**: the Revolutionary Book that will Change the Way you do Business. New York: Harper Business Essentials, 2003.

Se você quiser se aprofundar nos temas de processo de inovação e de novas tendências, recomendamos a leitura desse livro de Clayton Christensen. O autor utiliza como base as dificuldades que grandes empresas enfrentam quando buscam manter sua posição de mercado em face de novos competidores e das constantes mudanças de tecnologia. Com um tema muito atual, a obra apresenta uma análise profunda sobre inovação disruptiva, abordando desafios e estratégias para as empresas que quiserem se manter inovadoras e competitivas.

LONDON, T. **The Base of the Pyramid Promise**: Building Businesses with Impact and Scale. Stanford: Stanford University Press, 2016.

Se você quiser saber mais sobre inovação e empreendedorismo na base da pirâmide e como novos negócios focados em reduzir e erradicar a pobreza em comunidades podem surgir, sugerimos esse livro de Ted London. Nele, o autor apresenta ferramentas e modelos gerenciais fundamentados nos seus mais de 25 anos de experiência, com atuação em mais de 80 países.

8 Execução: levando a inovação às organizações e ao mercado

Conteúdos do capítulo:
- *Como implementar soluções criativas.*
- *Construção de equipes.*
- *Aprendizagem por experimentos.*
- *Gestão de inovação.*
- *Kaizen.*
- *Barreiras à inovação.*

Após o estudo deste capítulo, você será capaz de:

1. *identificar os passos que ligam a concepção da ideia à introdução da inovação no mercado;*
2. *analisar a lacuna entre o pensamento criativo e a implementação da inovação;*
3. *reconhecer as sete principais categorias de medidas do processo de gestão da inovação;*
4. *enumerar as diferenças fundamentais entre os processos de aprimoramento constante do* kaizen *e os da inovação incremental;*
5. *elencar as três principais barreiras à inovação nas organizações.*

LÍVIA TIEMI BASTOS

Nos capítulos anteriores, tratamos de criatividade e de inovação. Demonstramos a importância do pensamento criativo e abordamos de que forma é possível favorecer a geração de ideias, fomentar a criatividade individual e organizacional e aplicá-la na resolução de problemas e na busca por resultados nos negócios. Em seguida, apresentamos os componentes básicos da inovação, seus tipos e suas novas tendências. Neste capítulo, vamos nos concentrar no elo que conecta a gestão da qualidade – uma prática administrativa consolidada ao redor do mundo – com a melhoria do desempenho organizacional.

Antes, contudo, vamos voltar a atenção para o próximo passo do processo de inovação: como implementar e gerenciar uma inovação na empresa. O que acontece depois que a equipe de criatividade tem uma ideia, o grupo de pesquisa e desenvolvimento transforma essa ideia em um protótipo e a equipe de inovação apresenta essa proposta para a gerência e a diretoria e, finalmente, consegue aprovar a execução e a implantação desse projeto?

8.1 Gestão do processo de inovação nas organizações

Uma afirmação amplamente aceita no mundo dos negócios é que a inovação é uma fonte extremamente relevante de vantagem competitiva, uma vez que gera valor agregado para os clientes e usuários de uma organização. O sucesso competitivo de uma organização, portanto, depende de sua gestão do processo de inovação. Drucker (1985) argumenta que empreendedores bem-sucedidos devem usar a **inovação sistemática**, que consiste em buscas organizadas e propositais por mudanças. A análise sistemática de oportunidades para essas mudanças pode variar, dependendo do campo ao qual as inovações pertencem.

Govindarajan e Trimble (2010) afirmam que as organizações, em geral, são feitas para realizar operações contínuas, e não para desenvolver inovações. Enquanto operações contínuas são repetíveis e previsíveis, inovações não são rotineiras e, portanto, são incertas (uma diferença que é possível visualizar na Figura 8.1). Desse modo, alguns pontos críticos acabam se tornando barreiras à implementação da inovação nas organizações.

Figura 8.1 – O elo perdido da inovação

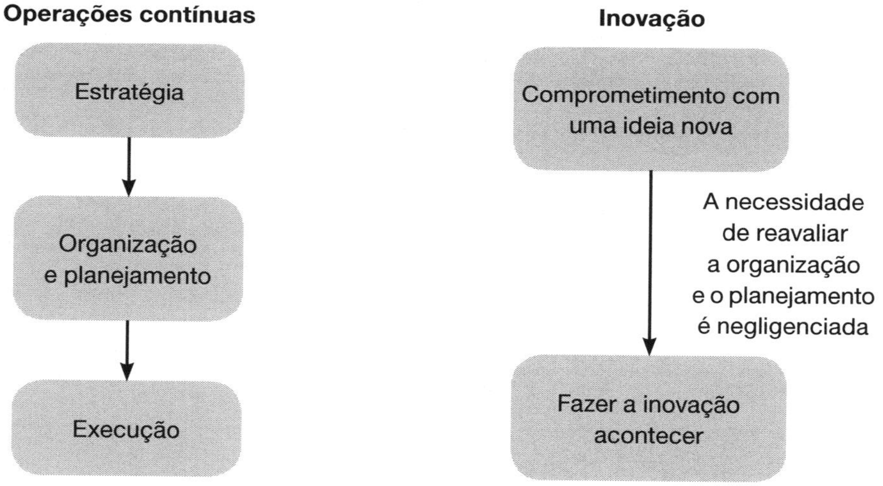

Operações contínuas
Estratégia → Organização e planejamento → Execução

Inovação
Comprometimento com uma ideia nova → A necessidade de reavaliar a organização e o planejamento é negligenciada → Fazer a inovação acontecer

Fonte: Adaptado de Govindarajan; Trimble, 2010, p. 16, tradução nossa.

Para lidar com esse cenário, Govindarajan e Trimble (2010) sugerem uma solução composta por três passos. Primeiramente, é preciso buscar o **aperfeiçoamento** mediante a seleção de um indivíduo capacitado e motivado para liderar o processo de inovação – do contrário, ele não conseguirá finalizar o projeto. Em segundo lugar, é preciso priorizar a construção de uma equipe com **delegação de tempo**, para que seus membros possam trabalhar na inovação (ou o líder acabará frustrado por não conseguir realizar suas atividades). Por fim, é preciso fomentar a **colaboração** entre a equipe que está processando a implantação e os demais departamentos da empresa – caso contrário, os outros poderão sentir-se ameaçados ou pouco propensos a facilitar o projeto do líder da inovação.

Por esse motivo, cada iniciativa de inovação requer, além de um líder bem escolhido, "uma equipe com um modelo organizacional customizado e um plano que seja revisado mediante um processo rigoroso de aprendizado" (Govindarajan; Trimble, 2010, p. 23, tradução nossa). O modelo que resume essa concepção pode ser assim representado:

> Inovação = Ideia + Líder + Equipe + Plano

No Capítulo 6, examinamos algumas contribuições relativas à geração de ideias e a modos de fomentar o pensamento criativo por meio da motivação, do conhecimento, da *expertise* e das habilidades criativas. Três dos fatores que integram a equação acima – liderança, formação de equipe e planejamento – podem ser assimilados como componentes da execução da ideia. Assim, a equação anterior é equivalente à apresentada a seguir:

> Inovação = Ideia + Execução

Conforme descrito por Govindarajan e Trimble (2010), o primeiro componente da execução de uma iniciativa de inovação dentro de uma empresa é a **escolha do líder**, que deve ser selecionado com base na sua afinidade com o projeto, suas habilidades e competências, bem como sua capacidade de liderar e gerir a equipe.

O segundo componente da execução de uma iniciativa de inovação é a **construção da equipe**. Apesar de existir uma ampla variedade de equipes de inovação nas organizações, elas seguem a tendência de serem parcerias internas. A equipe necessária à inovação, porém, deve ser formada por pessoas dedicadas, que trabalhem em tempo integral no projeto, ocupando-se de atividades não rotineiras. A equipe trabalha em conjunto com um pessoal compartilhado, que ocupa outras funções rotineiras na empresa e presta apoio em tempo parcial ao projeto. Segundo Govindarajan e Trimble (2010, p. 99), os três passos para construir a equipe de projeto da iniciativa de inovação são:

1. dividir o trabalho;
2. montar uma equipe dedicada;
3. gerir a parceria.

Dividir o trabalho consiste na etapa em que é preciso decidir como as responsabilidades para a execução da iniciativa serão distribuídas entre o grupo dedicado e o pessoal compartilhado. **Montar a equipe dedicada** é a fase na qual se deve determinar quem fará parte dela e como serão definidos os papéis e as responsabilidades de cada um. Um grande desafio para a gestão do projeto de inovação é escolher as pessoas certas e mais adequadas e organizar seus esforços de modo que o grupo supere a memória organizacional. Convém sempre lembrar que esses profissionais deverão trabalhar motivados a otimizar os aprendizados experimentais e aperfeiçoar a capacidade de aprendizagem, em vez de se orientarem pelo alcance de metas de desempenho tradicionais. A etapa final para montar a equipe é **gerir a parceria**, que consiste em estabelecer expectativas claras para cada parceiro e mediar os conflitos inevitáveis que emergirão entre os dois grupos.

Por fim, o terceiro componente da execução de uma iniciativa de inovação é a **montagem do plano**. Nas empresas consolidadas, os gestores de operações contínuas buscam otimizar a disciplina do desempenho com medidas, avaliações e acompanhamentos consolidados com base em ações de resultado por período. Nas iniciativas de inovação, diferentemente, o foco não deve ser mantido no planejamento de estratégias e na mensuração de resultados, mas, na disciplina da experimentação. Isso deve ocorrer porque toda iniciativa de inovação é um projeto de resultados incertos, é um experimento. O foco, portanto, deve ser mantido na aprendizagem, ou seja, em gerar, registrar e processar os aprendizados experimentais, otimizando-se o tempo disponível.

Para gerir um experimento disciplinado, é preciso decidir como os membros da equipe podem testar suas proposições com rapidez, transformar suas observações experimentais em conhecimento e medir o progresso. De acordo com Govindarajan e Trimble (2010, p. 99, tradução nossa), os três passos para elaborar um bom plano e aumentar a disciplina do processo rigoroso de aprendizado da iniciativa de inovação são os seguintes:

> 1) **Formalize o experimento**: Os princípios básicos para a aprendizagem a partir de experimentos costumam ser familiares e parecer triviais, mas são difíceis de acompanhar.
> 2) **Decomponha as hipóteses**: Todas as iniciativas de inovação são, na verdade, experimentos compostos e complexos, com poucas exceções.
> 3) **Busque a verdade**: Uma infinidade de pressões nas organizações influencia as pessoas a adotar interpretações de resultados que são confortáveis e convenientes, em vez de serem analíticas e desprovidas de favoritismo. Essas pressões precisam ser entendidas e superadas.

Fique atento!

- Existe uma lacuna entre a escolha de uma ideia e a implementação de uma inovação, a qual corresponde às etapas de execução desta última.
- Os componentes da execução são: a escolha de um líder, a construção da equipe e a montagem e acompanhamento de um plano.
- As três etapas principais na construção da equipe são: dividir o trabalho, montar o grupo dedicado e gerir a parceria.
- Os três passos para o plano do processo rigoroso de aprendizado são: formalizar o experimento, decompor as hipóteses e buscar a verdade.

8.2 Medidas de gestão da inovação

Há exemplos de gestão da inovação em diversos setores, como as boas práticas da indústria norte-americana na gestão de tecnologia e as regras da indústria japonesa de bens duráveis para o desenvolvimento de produtos. No entanto, é pouco provável que exista um modelo de gestão da inovação que seja abrangente o suficiente e aplicável a todos os setores da economia. Isso ocorre porque as empresas divergem entre si quanto às suas fontes de inovação, às tecnologias em uso, às oportunidades de mercado e às suas características idiossincráticas (Tidd, 1997).

Existem quatro fatores principais que afetam a gestão da inovação: o **tipo**, o **estágio** e o **escopo da inovação** e o **tipo de organização**. Esta última característica é uma variável contingencial primária, uma vez que se refere às oportunidades e ameaças ambientais, as quais afetam consideravelmente o grau de inovação das empresas. Os tipos de organização variam de acordo com o setor, a indústria, a estrutura, a estratégia e assim por diante (Damanpour, 1991).

O processo de gestão da inovação, como quase tudo o que concerne a esse assunto, é composto por uma infinidade complexa de medidas, utilizadas por diferentes organizações e de formas diversas. Entretanto, é possível identificar, entre elas, sete categorias principais: gestão de insumos, gestão do conhecimento, estratégia de inovação, cultura e estrutura organizacional, gestão de portfólio, gestão de projetos e comercialização. O Quadro 8.1 evidencia a relação entre as categorias principais e algumas áreas que costumam originar medidas de inovação.

Quadro 8.1 – Áreas de medida na gestão da inovação

Categoria	Áreas de medida
Insumos	Pessoas
	Recursos físicos e financeiros
	Ferramentas
Gestão de conhecimento	Geração de ideias
	Repositório de conhecimento
	Fluxos de informação
Estratégia de inovação	Orientação estratégica
	Liderança estratégica

(continua)

(Quadro 8.1 – conclusão)

Categoria	Áreas de medida
Cultura e organização	Cultura
	Estrutura
Gestão de portfólio	Balanço risco/retorno
	Uso de ferramentas de otimização
Gestão de projetos	Eficiência do projeto
	Ferramentas
	Comunicações
	Colaboração
Comercialização	Pesquisa de mercado
	Teste de mercado
	Marketing e vendas

Fonte: Adaptado de Adams; Bessant; Phelps, 2006, p. 26, tradução nossa.

As sete categorias principais que compõem as medidas de gestão da inovação são resumidas por Adams, Bessant e Phelps (2006) da seguinte forma:

1. A **gestão dos insumos** diz respeito aos recursos necessários para as atividades de inovação e inclui fatores necessários para gerar novas ideias – desde finanças até recursos humanos e físicos.

2. A **gestão do conhecimento** refere-se à habilidade crucial das empresas de identificar, adquirir e usar conhecimento externo.

3. A **estratégia de inovação** é uma sequência programada de decisões de alocação de recursos internamente consistentes e condicionais, as quais são projetadas para cumprir os objetivos da organização.

4. A **estrutura** e a **cultura organizacional** referem-se à maneira como os funcionários de uma empresa se agrupam e à cultura organizacional dentro da qual eles trabalham.

5. A **gestão de portfólio** consiste em fazer escolhas estratégicas, tecnológicas e de recursos, que passam a reger a seleção de projetos e a futura forma da organização.

6. A **gestão de projetos** diz respeito aos processos que transformam insumos em inovação passível de ser levada ao mercado.

7. A **comercialização** significa levar a inovação até o mercado.

Muitas organizações tendem a se concentrar somente nas medidas de insumos e nos resultados da inovação, como gastos, velocidade para levar seu produto ao mercado e números de novos produtos, e ignoram os processos intermediários (Cordero, 1990).

Fique atento!

- Existem quatro fatores principais que afetam a gestão da inovação: o tipo, o estágio e o escopo da inovação e o tipo de organização.
- O processo de gestão da inovação é composto por sete categorias de medidas principais: gestão de insumos, gestão do conhecimento, estratégia de inovação, cultura e estrutura organizacional, gestão de portfólio, gestão de projetos e comercialização.

8.3 Inovação × *kaizen*

Até este ponto apresentamos diversas informações sobre criatividade e inovação. Mas como esses dois fatores elas se relacionam com a gestão da qualidade? Como os processos de gestão da qualidade, associada ao objetivo de melhoria do desempenho organizacional, podem dialogar com o que abordamos até aqui sobre inovação?

Mehri (2006), em trabalho etnográfico no qual coletou dados qualitativos de grande profundidade, ao longo de três anos, em uma empresa japonesa, defende que existe uma relação negativa entre a inovação e as práticas de gestão da qualidade total. Ele argumenta que, na realidade, a empresa estudada, que tinha uma cultura de gestão rígida e amarrada firmemente à cultura japonesa, desenvolvia um potencial limitado para a criatividade e a inovação. Mehri (2006) conclui que as empresas acabam se tornando pouco responsáveis pela geração interna de ideias e passam a depender mais largamente da aquisição de inovações externas.

No entanto, esse autor superestima o valor das inovações radicais e subestima o das incrementais. Ao fazer isso, ele passa por cima de um dos princípios da gestão da qualidade: a **melhoria contínua**. O conceito de *melhoria contínua* sugere que não há um nível aceitável de qualidade, uma vez que as necessidades e expectativas do cliente estão constantemente mudando. Esse ponto de vista abre caminho para o desenvolvimento permanente do pensamento criativo e de iniciativas de inovação sem desprezar as ideias e os processos mais simples da melhoria contínua e o impacto que esses aprimoramentos incrementais podem ter no desempenho da organização.

Na língua japonesa, *kaizen* é a palavra utilizada para expressar o conceito de *melhoria contínua*. Em tradução literal, ela significa "mudança para melhor". Na prática, costuma ser associada a aprimoramentos econômicos pouco dispendiosos e quase imperceptíveis (Schneiderman, 1986). Mais especificamente, ela representa a conversão do conhecimento de formas pessoais e tácitas para formas explícitas, que podem ser acessadas por um grupo maior de pessoas, incluindo o empregador (Glor, 1998).

O Quadro 8.2 apresenta resumidamente os principais pontos divergentes entre as perspectivas do *kaizen* e da inovação, com base em processos de aprimoramento no caso específico de iniciativas de inovação incremental.

Quadro 8.2 – Kaizen × *inovação*

	Kaizen	Inovação
Foco	Design, produção e *marketing*	Ciência e tecnologia
Alvo	Amplo: qualidade, custo, segurança, eficiência, desenvolvimento do produto	Estreito: características, técnicas
Expertise	Convencional, *know-how*	Disruptiva, de ponta
Necessidade de capital	Muito modesta	Maiores investimentos
Progresso	Pequenos passos	Grandes saltos
Resultados	Contínuos	Espontâneos
Visibilidade	Não é dramática	Muito dramática
Envolvimento	Todos	Grupo seleto
Cooperação	Atividade em grupo	Individual
Reconhecimento	Esforço e processo	Esforço e resultado

Evolução   Revolução

Fonte: Adaptado de Schneiderman, 1986, p. 30, tradução nossa.

O *kaizen* é uma grande contribuição da gestão da qualidade ao campo dos estudos da inovação. Faz parte do conjunto de métodos de gestão da qualidade abordados nos capítulos anteriores. Outros conceitos relacionados a esse tema e que podem ser objeto de aprofundamento são o *just-in-time*, a produção *lean* e a agilidade na logística. Entretanto, assim como no caso das iniciativas de inovação vistas em seção anterior, diversos fatores organizacionais e individuais podem interferir na implementação bem-sucedida dessa abordagem na organização.

Fique atento!

- *Kaizen*, em japonês, expressa o conceito de *melhoria contínua* e é um dos processos da gestão da qualidade.
- As diferenças entre a inovação incremental e a melhoria contínua do *kaizen* provêm de características dos processos de aprimoramento constante: foco, alvo, *expertise*, necessidade de capital, progresso, resultados, visibilidade, envolvimento, cooperação e reconhecimento organizacional.

8.4 Barreiras à inovação

Conforme destacamos nas seções anteriores deste capítulo, existe uma lacuna entre o ato de tirar as ideias do papel e o de levá-las ao mercado, na forma de inovações. Esse processo não é nem um pouco trivial, e muitas organizações enfrentam barreiras para preencher essa lacuna. No âmbito da gestão do processo da inovação, um grande obstáculo é a **falta de métricas** que possibilitem perceber o impacto da inovação. Isso pode ocorrer em parte em razão do erro que muitas empresas cometem ao tratar as iniciativas de inovação como tratam atividades rotineiras, já inseridas na estrutura e na atuação da empresa, como mostramos na Seção 8.1. É preciso desenvolver métricas de gestão do processo de inovação que levem em consideração que o objetivo principal da iniciativa deve ser otimizar o processo rigoroso de aprendizado, e não apenas alcançar resultados de mercado.

Outra barreira que podemos observar nas organizações é a prevalência do **foco no curto prazo**. Essa questão dificulta e pode até estagnar ou liquidar uma iniciativa de inovação gestada dentro da empresa. De um lado, existem pressões diárias para que os funcionários de nível baixo e intermediário entreguem resultados de mercado. Por outro, existem pressões sobre a alta gerência para alocar recursos em projetos de longo prazo (Govindarajan; Trimble, 2010). E, no meio dessas forças, os projetos e as iniciativas de inovação da empresa podem perder representação e poder de barganha e, consequentemente, deixar de receber o apoio necessário para que sejam finalizados.

Por fim, outro empecilho de extrema relevância é a **falta de recursos**. No Brasil, existem poucas fontes de financiamento exclusivamente dedicadas à inovação. O governo disponibiliza algumas linhas e os bancos comerciais, outras tantas. Mas, na prática, sem medidas de sucesso relacionadas aos resultados de mercado, o investimento em inovação torna-se uma alternativa pouco atraente para os investidores em face das opções que estão disponíveis no mercado financeiro. Restam os fundos de investidores-anjos, área que ainda está caminhando a pequenos passos no país, e o autofinanciamento, limitado também pelas barreiras descritas anteriormente.

Segundo Sutton (2002), a grande dificuldade inerente à inovação é que, em geral, para se chegar a ela, é necessário ir contra os princípios tradicionais da gestão, que condenam as experiências incertas, a possibilidade de fracasso e as variações. Diante desse quadro, esse autor recomenda buscar um importante equilíbrio entre os benefícios e os possíveis problemas que o foco no fomento e no desenvolvimento da inovação possa ocasionar nas organizações. Para ele, as empresas bem-sucedidas são suficientemente boas em inovar para ficar à frente da concorrência e em não inovar demais a ponto de matar o próprio produto ou processo.

Fique atento!
Existem três grandes barreiras ao desenvolvimento das iniciativas de inovação nas organizações: falta de métricas, foco no curto prazo e falta de recursos.

Estudo de caso

Leonardo da Vinci foi um homem extremamente notável em diversas áreas: grande artista e escultor, ele era autodidata e dominava assuntos como anatomia, geologia e matemática, todos temas intimamente relacionados com sua arte. Responsável por obras atemporais como os quadros *A Santa Ceia* e *Mona Lisa*, ele também realizou estudos e protótipos de invenções relacionadas ao automóvel, ao avião, ao submarino, à bicicleta, ao paraquedas, a mecanismos do relógio, entre outros.

Da Vinci viveu entre o fim do século XV e o começo do século XVI e, em virtude de seu conhecimento se estender a diversos campos que só teriam avanços tecnológicos séculos depois, era chamado de "um homem à frente de seu tempo". Ele era considerado um homem com incrível capacidade inventiva: tinha um amplo conhecimento e *expertise*, muitas habilidades criativas, motivações intrínsecas e bons patronos, que permitiam que ele se dedicasse à sua paixão. No entanto, outras pessoas e organizações foram responsáveis por transformar suas invenções em produtos inovadores no mercado.

Tomemos como exemplo o automóvel. Dois séculos e meio após o falecimento de Da Vinci, o francês Nicolas-Joseph Cugnot, financiado pelo governo, criou o primeiro veículo a vapor. Três séculos depois da morte do artista, o alemão Karl Friedrich Benz e os americanos Gottlieb Wilhelm Daimler e Wilhelm Maybach criaram, quase concomitantemente, o primeiro automóvel movido a gasolina. Após uma série de outros ajustes, promovidos por outros inventores, o automóvel tornou-se um sucesso de mercado, mas não foi por causa de inovações incrementais inerentes ao produto. Henry Ford, um americano de Detroit, revolucionou o mercado de automóveis por causa de suas decisões de gestão.

As tecnologias para desenvolver o carro comercial já estavam sendo fomentadas há anos. Muitas empresas já produziam veículos para serem comercializados – uma delas, aliás, já usava o método da linha de montagem. Mas foi Henry

Ford que conseguiu implementar todas essas inovações com mais eficiência no começo do século XX. Em particular, ele foi responsável por uma contribuição fundamental para a inovação incremental do processo: o uso de esteiras na linha de montagem, de modo a acelerar o transporte dos componentes e otimizar a montagem dos veículos. Depois disso, ele conseguiu baixar o preço de seus automóveis da média de US$ 850 para chocantes US$ 260 e, em 1927, alcançou a marca de 17 milhões de carros vendidos.

Hoje muitas pessoas o reconhecem como o pai do automóvel e também da linha de montagem, mas ele deveria ser reconhecido como o pai da execução do automóvel. O que ele fez de extremamente relevante foi observar e assimilar um conjunto de invenções e melhorias e adicionar sua *expertise* de operações e negócios para, depois, transformar sua inovação incremental em uma organização bem-sucedida.

Fonte: Elaborado com base em Foster et. al., 2017.

■ Síntese

Começamos este capítulo relembrando como os últimos três capítulos se conectam. Destacamos que existe uma lacuna entre a geração de ideias e a implementação de inovações, denominada *execução*, cujos componentes são a escolha de um líder, a construção da equipe e a montagem e acompanhamento de um plano. Mostramos como fazer a ponte para superar essa lacuna e apresentamos algumas dicas para gerenciar o processo de inovação da melhor maneira.

Em seguida, tratamos de gestão de inovação, considerando que a escolha de uma boa equipe é primordial. Esclarecemos que as três etapas principais na construção da equipe são: dividir o trabalho, montar o grupo dedicado e gerir a parceria. Também descrevemos os três passos para o plano do processo rigoroso de aprendizado, que são: formalizar o experimento, decompor as hipóteses e buscar a verdade.

Depois, descrevemos com o método que relaciona o processo criativo, o processo de gestão da inovação e a gestão da qualidade: o *kaizen*, ou melhoria contínua. Por fim, examinamos algumas barreiras à inovação, conhecimento importante para que uma empresa possa prevenir-se contra elas ou saber lidar melhor com uma situação que as inclua.

Exercícios resolvidos

1. É possível afirmar que o que separa uma ideia de uma inovação é a gestão do processo de inovação? Comente.

   Resolução: Para Govindarajan e Trimble (2010), existe uma lacuna que separa a geração da ideia da implementação da inovação, e essa etapa é comumente negligenciada. Conforme esclarecido anteriormente, as três características principais dessa etapa são: a escolha de um líder, a formação de uma equipe especializada e a elaboração de um plano de trabalho. Juntando-se esses elementos, é possível afirmar que a execução, mediante a gestão do processo da inovação, permite que a ideia saia do papel e se torne uma inovação dentro da organização. Como exemplo disto, podemos revisitar o estudo de caso apresentado no Capítulo 6 sobre a 3M, mais especificamente sobre o Post-it de Art Fry. De fato, Fry concebeu e desenvolveu a ideia durante seu tempo de "lazer pago" promovido de modo extraordinário pela empresa. Mas apenas a ideia não foi o suficiente. Em entrevista, ele afirmou que aquele tinha sido um mero estágio inicial do processo de inovação: "As amostras tiveram de ser testadas para cada aplicação [possível] que pudéssemos pensar. Tivemos muitos problemas difíceis para resolver nas áreas de fabricação, qualidade, embalagem e vendas. Muitos de nós resolvemos esses problemas, e todos nos sentimos bem com o que fizemos" (Smithsonian Institution, 2014, tradução nossa).

2. Como o estudo de caso apresentado neste capítulo – a execução da ideia do automóvel – relaciona-se ao tema do capítulo, em particular, e do livro como um todo?

   Resolução: As características de produção do automóvel moderno figuram entre os principais exemplos de práticas organizacionais no estudo de diversas disciplinas, como Administração Geral e Gestão de Operações. O estudo de caso em questão mostra a aplicação do conteúdo desenvolvido nos Capítulos 6, 7 e 8, identificando as etapas de criatividade, inovação e execução e relacionando-as com o cerne da gestão da qualidade: a busca pela melhoria contínua.

■ Questões para revisão

1. (Bio Rio – 2014 –Nuclep) Aplicar conceitos básicos de melhoria, visando à melhoria incremental e a projetos de ruptura para saltos de melhoria em gestão da qualidade, é uma aplicação do princípio:

    a. do foco no cliente.
    b. da melhoria contínua.
    c. do envolvimento das pessoas.
    d. da abordagem sistêmica para a gestão.
    e. dos benefícios mútuos nas relações com os fornecedores.

2. (Cesgranrio – 2014 – Finep) Uma empresa do setor metalúrgico, fornecedora de componentes para a indústria automobilística, decidiu estabelecer o método de gestão de produção *kaizen*, visando a tornar a empresa mais eficiente e produtiva. O método *kaizen* tem como principal objetivo o(a):

    a. estabelecimento de diretrizes estratégicas que viabilizem a produção em massa, possibilitando o ganho em escala.
    b. gerenciamento de variações nos processos que causam defeitos, definidos como um desvio inaceitável da média.
    c. produção da quantidade demandada a uma qualidade perfeita, sem excesso e de forma rápida, transportando o produto para o lugar certo e no tempo desejado.
    d. eliminação dos processos desnecessários e dos desperdícios, tanto de tempo quanto de itens de produção, no ambiente de trabalho, visando à melhoria dos processos.
    e. garantia de que os processos atendam aos padrões estabelecidos, dentro de uma variabilidade preestabelecida.

3. Quais são as sete categorias principais de medidas do processo de gestão da inovação?

4. Segundo Govindarajan e Trimble (2010), o modelo de inovação que melhor descreve a realidade das empresas é:

    a. Inovação = Ideia + Processos
    b. Inovação = Ideia + Meta + Plano + Execução
    c. Inovação = Liderança + Qualidade
    d. Inovação = Ideia + Líder + Equipe + Plano
    e. Inovação = Ideia + Motivação

5. Demonstre e comente as três principais barreiras à inovação nas organizações.

■ Questões para reflexão

Pense em algo que você gostaria de implementar como inovação. Pode ser algo relacionado, por exemplo, à sua casa, ao seu ambiente de trabalho, aos seus estudos, à sua família, aos meios de transporte que você usa, às suas refeições, às suas rotinas de lazer. Enfim, pense em alguma ideia para melhorar algum aspecto de sua vida.

1. Identifique como você construiria um time e montaria um plano para executar essa inovação.

2. Relacione as barreiras que você enfrentaria hoje se quisesse implementar essa inovação.

■ Para saber mais

GOVINDARAJAN, V.; TRIMBLE, C. **The Other Side of Innovation**: Solving the Execution Challenge. Brighton: Harvard Business Press, 2010.

Se você quiser conhecer alguns exemplos de empresas e suas dificuldades para levar a inovação até o mercado, recomendamos a leitura desse livro de Vijay Govindarajan e Chris Trimble. Os autores desmistificam a etapa de geração de ideias e argumentam que mais importante do que ter a ideia perfeita é conduzir uma ideia à execução. Desse modo, enfatizam a importância de montar um grupo de trabalho e desenvolver um estágio de experimentação, para testar as ideias no mercado.

[para concluir...]

Ao longo desta obra, apresentamos as principais discussões referentes à gestão da qualidade, contextualizando a origem e a evolução dessa temática e relacionando-a a conceitos pertinentes, além de ilustrar sua relevância em várias áreas e suas diversas aplicabilidades. Esperamos que o conteúdo aqui abordado some-se ao seu conhecimento e à sua prática profissional, em especial se você busca compreender e melhorar a atuação de alguma organização, qualquer que seja.

É necessário entender a importância da gestão da qualidade como um caminho constante, um objetivo contínuo. Não basta ser bom apenas uma vez ou algumas vezes. O mercado atual, com sua intensa competitividade, exige um diferencial competitivo sólido e permanente. Dessa forma, deve-se considerar a gestão da qualidade como uma filosofia e uma prática capazes de integrar diferentes esforços e nortear a atuação organizacional rumo à excelência.

Caso você queira aprofundar-se ainda mais no assunto, siga as indicações de leitura oferecidas neste livro, pois elas podem propiciar um bom detalhamento acerca tanto das correntes teóricas quanto das práticas gerenciais aqui apresentadas. Outras leituras também são incentivadas, não só acadêmicas, mas também midiáticas, visto que a qualidade das organizações é um tema cada vez mais explorado no mundo moderno.

Por fim, nosso anseio é que você se inspire nas discussões aqui traçadas e se sinta preparado para enfrentar as dificuldades inerentes à gestão das organizações, especialmente daquelas que buscam a qualidade como um diferencial competitivo. Desejamos sucesso em sua jornada, que, após esta leitura, certamente será de melhoria contínua e excelência!

[referências]

3M. Disponível em: <http://www.3m.com/3M/en_US/commercial-solutions-us/>. Acesso em: 7 abr. 2017.

ABNT – Associação Brasileira de Normas Técnicas. **NBR 9001**: sistemas de gestão da qualidade: requisitos. Rio de Janeiro, 2000.

ADAMS, R.; BESSANT, J.; PHELPS, R. Innovation Management Measurement: a Review. **International Journal of Management Reviews**, Oxford, v. 8, n. 1, p. 21-47, Mar. 2006.

ALENCAR, E. M. L. S.; FLEITH, D. S. Contribuições teóricas recentes ao estudo da criatividade. **Psicologia: Teoria e Pesquisa**, Brasília, v. 19, n. 1, p. 1-8, jan.-abr. 2003.

AMABILE, T. M. Motivating Creativity in Organizations: on Doing What You Love and Loving What You Do. **California Management Review**, Berkeley, v. 40, n. 1, p. 39-58, Fall 1997.

AMORIM, M. C. S.; FREDERICO, R. Criatividade, inovação e controle nas organizações. **Revista de Ciências Humanas**, Florianópolis, v. 42, n. 1-2, p. 75-89, abr./out. 2008.

ANDREOLI, T. P.; AHLFEDT, R. **Organização de sistemas produtivos**: decisões estratégicas e táticas. Curitiba: Intersaberes, 2014.

ANDREOLI, T. P. et al. **Visão dos consumidores acerca de marcas próprias de leite**: um estudo com compradores de leite na cidade de São Paulo. In: CONGRESSO NACIONAL DE EXCELÊNCIA EM GESTÃO, 8., 2012, Rio de Janeiro. p. 151-171.

ANDREOLI, T. P.; VELOSO, A. R.; TOLEDO, G. A. Considerações acerca do modelo de negócios dos sites de compras coletivas à luz das reclamações dos consumidores. In: ANGELO, C. F. de; SILVEIRA, J. A. G. da. (Org.). **Varejo competitivo**. São Paulo: Saint Paul, 2013. p. 1-16. v. 18.

ANDREOLI, T. P.; VELOSO, A. R.; TOLEDO, G. A. Insatisfações com o modelo de negócios dos sites de compras coletivas: comparando consumidores reclamantes e não reclamantes. **Rimar**, Maringá, v. 5, n. 1, p. 81-94, jan./jun. 2015.

BALLESTERRO-ALVAREZ, M. E. **Administração da qualidade e da produtividade**: abordagens do processo administrativo. São Paulo: Atlas, 2001.

BARÇANTE, L. C. **Qualidade total**: uma nova visão brasileira – o impacto estratégico na universidade e na empresa. Rio de Janeiro: Campus, 2009.

BATTAGLIA, D.; BORCHARDT, M. Análise do processo de recuperação de serviços a partir das reclamações dos clientes: Estudo de caso em três organizações. **Produção**, São Paulo, v. 20, n. 3, p. 455-470, 2010.

BOGERS, M.; WEST, J. Managing Distributed Innovation: Strategic Utilization of Open and User Innovation. **Creativity and Innovation Management**, v. 21, n. 1, p. 61-75, Mar. 2012.

BRAVO, I. **Gestão de qualidade em tempos de mudanças**. 3. ed. Campinas: Alínea, 2010.

BROH, R. A. **Managing Quality for Higher Profits**. New York: McGraw-Hill, 1982.

CAMISÓN-ZORNOZA, C. et al. A Meta-Analysis of Innovation and Organizational Size. **Organization Studies**, v. 25, n. 3, p. 331-361, Mar. 2004.

CAMPOS, V. F. **TQC**: controle da qualidade total no estilo japonês. Nova Lima: Falconi, 2004.

CARAVANTES, G. R. **O ser total**: talentos humanos para o novo milênio. Porto Alegre: AGE, 2000.

CARPINETTI, L. C. R. **Gestão da qualidade**: conceitos e técnicas. São Paulo: Atlas, 2012.

CARVALHO, M. M. de; PALADINI, E. P. (Org.). **Gestão da qualidade**: teoria e casos. 2. ed. Rio de Janeiro: Elsevier; Abepro, 2012.

CATMULL, E. **Criatividade S.A.**: superando as forças invisíveis que ficam no caminho da verdadeira inspiração. Rio de Janeiro: Rocco, 2014.

CHARANTIMATH, P. M. **Total Quality Management**. New Delhi: Pearson Education, 2011.

CHESBROUGH, H. W. **Open Innovation**: The New Imperative for Creating and Profiting from Technology. Boston: Harvard Business School, 2006.

CHIAVENATO, I. **Administração**: teoria, processo e prática. São Paulo: Elsevier-Campus, 2006.

_____. **Introdução à teoria geral da administração**. São Paulo: Elsevier-Campus, 2011.

CHOTUKOOL. Disponível em: <https://www.chotukool.com/>. Acesso em: 8 abr. 2017.

CHRISTENSEN, C. M. **The Innovator's Dilemma**: the Revolutionary Book that Will Change the Way You Do Business. New York: Harper Business Essentials, 2003.

COLLINS, L. Opening up the Innovation Process. **Engineering Management**, v. 16, n. 1, p. 14-17, Feb. 2006.

CONTROLES VISUAIS. **Linha Flexitrol® Kanban**. Disponível em: <http://www.controlesvisuais.com.br/#kanban>. Acesso em: 20 jun. 2017.

CORDERO, R. The Measurement of Innovation Performance in the Firm: An Overview. **Research Policy**, Amsterdam, v. 19, n. 2, p. 185-192, Apr. 1990.

CORREIA, G. S. **Avaliação do potencial da estrutura organizacional da cerâmica Portobello para o desenvolvimento da criatividade**. 204 f. Dissertação (Mestrado em Administração) – Universidade Federal de Santa Catarina, Florianópolis, 2004.

COSTA, A. F. B.; CARPINETTI, E. K.; RIBEIRO, L. C. R. **Controle estatístico de qualidade**. São Paulo: Atlas, 2004.

COSTA, T. **O mundo da qualidade**. 2. ed. [s.l.]: Grupo Qualidade, 2012.

CROSBY, P. B. **Qualidade é investimento**. Rio de Janeiro: J. Olympio, 1994.

CROSSAN, M. M.; APAYDIN, M. A Multi-Dimensional Framework of Organizational Innovation: a Systematic Review of the Literature. **Journal of Management Studies**, v. 47, n. 6, p. 1154-1191, Sept. 2010.

DAMANPOUR, F. Organizational Innovation: a Meta-Analysis of the Effects of Determinants and Moderators. **Academy of Management Journal**, Briarcliff Manor, v. 34, n. 3, p. 555-590, Sept. 1991.

DEMING, W. E. **Qualidade**: a revolução na produtividade. Rio de Janeiro: M. Saraiva, 1990.

_____. **Saia da crise**: as 14 lições definitivas para controle da qualidade. São Paulo: Futura, 2003.

DRUCKER, P. **Innovation and Entrepreneurship**: Practices and Principles. London: Heinemann, 1985.

DUNNE, D.; MARTIN, R. Design Thinking and How It Will Change Management Education: an Interview and Discussion. **Academy of Management Learning & Education**, Surrey, v. 5, n. 4, p. 512-523, Dec. 2006.

ESTELLÉS-AROLAS, E.; GONZÁLEZ-LADRÓN-DE-GUEVARA, F. Towards an Integrated Crowdsourcing Definition. **Journal of Information Science**, v. 38, n. 2, p. 189-200, Apr. 2012.

EUROPEAN FOUNDATION FOR QUALITY MANAGEMENT. Disponível em: <http://www.efqm.org>. Acesso em: 7 abr. 2017.

EYRING, M.; JOHNSON, M. W.; NAIR, H. New Business Models in Emerging Markets. **Harvard Business Review**, Cambridge, v. 89, n. 1/2, p. 88-95, Jan./Feb. 2011.

FEIGENBAUM, A. V. **Controle da qualidade total**: gestão e sistemas. São Paulo: Makron Books, 1994. v. 1.

FERNANDES, D. V. D. H.; SANTOS, C. P. Múltiplas respostas no comportamento de insatisfação: A reclamação substitui ou complementa a comunicação boca-a-boca negativa? In: ENCONTRO DA ANPAD, 30., 2006, Salvador. **Anais**... Rio de Janeiro: Anpad, 2006. Disponível em: <http://www.anpad.org.br/enanpad/2006/dwn/enanpad2006-mktb-2134.pdf>. Acesso em: 19 jun. 2017.

FERRAMENTAS ADMINISTRATIVAS. **Diagrama de causa e efeito**. 19 maio 2012. Disponível em: <https://ferramentasadministrativas.wordpress.com/2012/05/19/diagrama-de-causa-e-efeito/>. Acesso em: 8 abr. 2017.

FERRAZ, C. M. **Grupo ACCOR**: hotéis econômicos com alto padrão de qualidade. São Paulo: ESPM, 2008. Disponível em: <http://www2.espm.br/sites/default/files/accor.pdf>. Acesso em: 5 mar. 2017.

FERRO, J. R.; GRANDE, M. M. Círculos de controle da qualidade (CCQs) no Brasil: sobrevivendo ao "modismo". **Revista de Administração de Empresas – RAE**, v. 37, n. 4, p. 78-88, out./dez. 1997. Disponível em: <http://www.scielo.br/pdf/rae/v37n4/a09v37n4.pdf>. Acesso em: 19 jun. 2017.

FGV – Fundação Getulio Vargas. **O brasileiro e o Código de Defesa do Consumidor**. Disponível em: <http://direitorio.fgv.br/sites/direitorio.fgv.br/files/PesquisaCDCCJUS.pdf>. Acesso em: 7 abr. 2017.

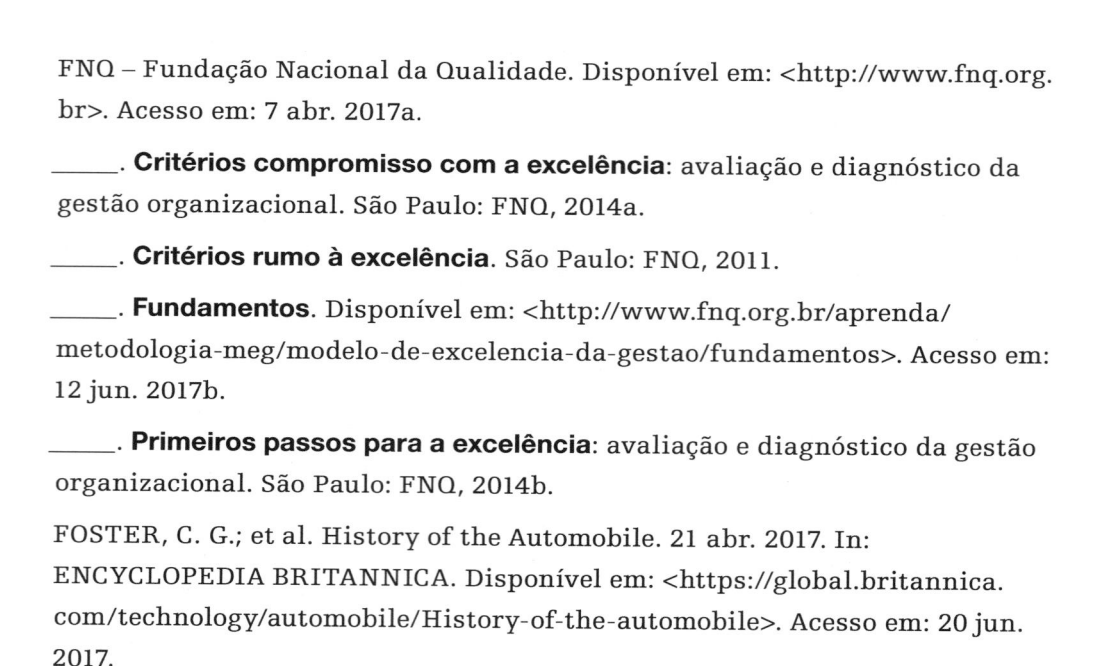

FNQ – Fundação Nacional da Qualidade. Disponível em: <http://www.fnq.org.br>. Acesso em: 7 abr. 2017a.

_____. **Critérios compromisso com a excelência**: avaliação e diagnóstico da gestão organizacional. São Paulo: FNQ, 2014a.

_____. **Critérios rumo à excelência**. São Paulo: FNQ, 2011.

_____. **Fundamentos**. Disponível em: <http://www.fnq.org.br/aprenda/metodologia-meg/modelo-de-excelencia-da-gestao/fundamentos>. Acesso em: 12 jun. 2017b.

_____. **Primeiros passos para a excelência**: avaliação e diagnóstico da gestão organizacional. São Paulo: FNQ, 2014b.

FOSTER, C. G.; et al. History of the Automobile. 21 abr. 2017. In: ENCYCLOPEDIA BRITANNICA. Disponível em: <https://global.britannica.com/technology/automobile/History-of-the-automobile>. Acesso em: 20 jun. 2017.

GARVIN, D. A. **Gerenciando a qualidade**: a visão estratégica e competitiva. Rio de Janeiro: Qualitymark, 2002.

GESCHKA, H. Creativity Techniques in Product Planning and Development: a View from West Germany. **R&D Management**, v. 13, n. 3, p. 169-183, July 1983.

GHALAYINI, A. M.; NOBLE, J. S. The Changing Basis of Performance Measurement. **International Journal of Operations & Production Management**, Bingley, v. 16, n. 8, p. 63-80, Aug. 1996.

GILMORE, H. L. Product Conformance Cost. **Quality Progress**, Milwaukee, v. 7, n. 6, p. 16-19, June 1974.

GLOR, E. D. What Do We Know about Enhancing Creativity and Innovation? A Review of Literature. **The Innovation Journal**, v. 3, n. 1, p. 1-11, Jan./Apr. 1998.

GOULART, J. V.; ANDREOLI, T. P. Qualidade em serviços: uma análise das dimensões da qualidade de redes de supermercado top of mind à luz das reclamações de consumidores. **Caderno de Administração**, Maringá, v. 23, n. 2, p. 52-64, 2015.

GOVINDARAJAN, V.; TRIMBLE, C. **The Other Side of Innovation**: Solving the Execution Challenge. Brighton: Harvard Business Press, 2010.

GRASTY, T. **The Difference Between 'Invention' and 'Innovation'**. 29 mar. 2012. Disponível em: <http://mediashift.org/2012/03/the-difference-between-invention-and-innovation086/>. Acesso em: 7 abr. 2017.

HACKMAN, J. R.; WAGEMAN, R. Total Quality Management: Empirical, Conceptual, and Practical Issues. **Administrative Science Quarterly**, Ithaca, v. 40, n. 2, p. 309-342, Jun. 1995.

HAMEL, G. Bringing Silicon Valley Inside. **Harvard Business Review**, Cambridge, v. 77, n. 5, p. 70-84, Sept./Oct. 1999.

HANSEN, T. **Music and Creativity in Ancient Greece**. 2013. Vídeo. 4'45''. Disponível em: <http://ed.ted.com/lessons/music-and-creativity-in-ancient-greece-tim-hansen>. Acesso em: 7 abr. 2017.

HART, S.; PRAHALAD, C. K. The Fortune at the Bottom of the Pyramid. **Strategy + business**, New York, n. 26, p. 54-67, Jan. 2002.

HAVE, S. T. et al. **Modelos de gestão**: o que são e quando devem ser usados. São Paulo: Pearson/Prentice Hall, 2003.

HOFFMAN, K. D. et al. **Princípios de marketing de serviços**. São Paulo: Cengage Learning, 2010.

HOURNEAUX JUNIOR, F. **Avaliação de desempenho organizacional**: estudo de casos de empresas do setor químico. 160 f. Dissertação (Mestrado em Administração) – Universidade de São Paulo, São Paulo, 2005.

HUNG, R. Y. Y. et al. Knowledge as a Facilitator for Enhancing Innovation Performance through Total Quality Management. **Total Quality Management & Business Excellence**, London, v. 21, n. 4, p. 425-438, 2010.

ISHIKAWA, K. **TQC – Total Quality Control**: estratégia e administração da qualidade. São Paulo: IMC Internacional Sistemas Educativos, 1986.

_____. **What Is Total Quality Control?** The Japanese Way. Englewood Cliffs: Prentice Hall, 1985.

JOHNSTON, R.; MICHEL, S. Three Outcomes of Service Recover. **International Journal of Operations & Production Management**, Bingley, v. 28, n. 1, p. 79-99, Jan. 2008.

JURAN, J. M.; GRYNA, F. M. **Juran controle da qualidade handbook**: conceitos, políticas e filosofia da qualidade. 4 ed. São Paulo: Makron Books do Brasil/McGraw Hill, 1991. v. 1.

_____. **Quality Planning and Analysis**. 2. ed. New York: McGraw-Hill, 1980.

JUSE – Union of Japanese Scientists and Engineers. Disponível em: <http://juse.or.jp/>. Acesso em: 7 abr. 2017.

KANJI, G. K. Implementation and Pitfalls of Total Quality Management. **Total Quality Management**, London, v. 7, n. 3, p. 331-343, 1996.

KANJI, G. K.; ASHER, M. **100 Methods for Total Quality Management**. London: Sage, 1996.

_____. **Total Quality Management Process**: a Systematic Approach. Oxford: Carfax, 1993.

KAPLAN, R. S.; NORTON, D. P. **A estratégia em ação**: Balanced Scorecard. 13. ed. Rio de Janeiro: Campus, 1997.

_____. Transforming the Balanced Scorecard from Performance Measurement to Strategic Management: Part II. **Accounting Horizons**, Lakewood Ranch, v. 15, n. 2, p. 147-160, June 2001.

KAYNAK, H. The Relationship between Total Quality Management Practices and their Effects on Firm Performance. **Journal of Operations Management**, v. 21, n. 4, p. 405-435, July 2003.

KUEHN, A. A.; DAY, R. L. Strategy of Product Quality. **Harvard Business Review**, Cambridge, v. 40, n. 6, p. 100-120, Jan. 1962.

KUME, H. **Métodos estatísticos para melhoria da qualidade**. São Paulo: Gente, 1993.

LAGERSTROM, L. **Einstein's Miracle Year**. Vídeo. 5'15''. Disponível em: <http://ed.ted.com/lessons/einstein-s-miracle-year-larry-lagerstrom>. Acesso em: 7 abr. 2017.

LAVIERI, C. A. **Sistemas de avaliação de desempenho aplicados em redes de franquias**. 181 f. Dissertação (Mestrado em Administração) – Universidade de São Paulo, São Paulo, 2008.

LEFFLER, K. B. Ambiguous Changes in Product Quality. **The American Economic Review**, Pittsburgh, v. 72, n. 5, p. 956-967, Dec. 1982.

LEYDEN, D. P.; LINK, A. N. **Public Sector Entrepreneurship**: US Technology and Innovation Policy. Oxford: Oxford University Press, 2015.

LONDON, T. **The Base of the Pyramid Promise**: Building Businesses with Impact and Scale. Stanford: Stanford University Press, 2016.

LOVELOCK, C.; WIRTZ, J. **Services Marketing**: People, Technology, Strategy. New Jersey: Prentice Hall, 2007.

LOVELOCK, C.; WRIGHT, L. **Serviços**: marketing e gestão. São Paulo: Saraiva, 2006.

MACHADO, S. S. **Gestão da qualidade**. Inhumas: IFG; Santa Maria: Ed. da UFSM, 2012.

MAJARO, S. **The Creative Gap**: Managing Ideas for Profit. London: Longman Trade/Caroline House, 1988.

MARSHALL JUNIOR, I. Certificação ambiental em empresas industriais: o caso Bayer e os reflexos na conscientização de seus funcionários e famílias. **Revista de Administração Pública**, Rio de Janeiro, v. 35, n. 3, p. 77-106, maio/jun. 2001.

MARSHALL JUNIOR, I. et al. **Gestão da qualidade**. Rio de Janeiro: Ed. da FGV, 2003.

MASTER. Disponível em: <http://www.fmaster.com.br/pt>. Acesso em: 28 abr. 2017.

MATTOS, J. C. **Custos da qualidade como ferramenta de gestão da qualidade**: conceituação, proposta de implantação e diagnóstico nas empresas com certificação ISO 9000. Dissertação (Mestrado em Engenharia de Produção) – Universidade Federal de São Carlos, São Carlos, 1997.

MATTOS, J. C.; TOLEDO. J. C. Custos da qualidade: diagnóstico nas empresas com certificação ISO 9000. **Gestão & Produção**, São Carlos, v. 5, n. 3, p. 312-324, dez. 1998.

MAXIMIANO, A. C. A. **Teoria geral da administração**: da escola científica à competitividade em economia globalizada. São Paulo: Atlas, 2000.

McGRATH, R. G. et al. Innovation, Competitive Advantage and Rent: a Model and Test. **Management Science**, Catonsville, v. 42, n. 3, p. 389-403, Mar. 1996.

MEHRI, D. The Darker Side of Lean: an Insider's Perspective on the Realities of the Toyota Production System. **Academy of Management Perspectives**, Briarcliff Manor, v. 20, n. 2, p. 21-42, May 2006.

MIGUEL, P. A. C. **Qualidade**: enfoques e ferramentas. São Paulo: Artliber, 2001.

MOREIRA, D. A. **Administração da produção**. São Paulo: Cengage Learning, 2008.

MOSADEGHRAD, A. M. The Impact of Organizational Culture on the Successful Implementation of Total Quality Management. **The TQM Magazine**, Bingley, v. 18, n. 6, p. 606-625, 2006.

NATIONAL INSTITUTE OF STANDARDS AND TECHNOLOGY. Disponível em: <https://www.nist.gov>. Acesso em: 7 abr. 2017.

NYER, P. An Investigation into Whether Complaining Can Cause Increased Consumer Satisfaction. **Journal of Consumer Marketing**, Bingley, v. 17, n. 1, p. 9-19, 2000.

OCDE – Organização para Cooperação e Desenvolvimento Econômico. Gabinete Estatístico das Comunidades Europeias. **Manual de Oslo**: diretrizes para coleta e interpretação de dados sobre inovação. 3. ed. Rio de Janeiro: Finep, 2005.

OKE, A. Innovation Types and Innovation Management Practices in Service Companies. **International Journal of Operations & Production Management**, Bingley, v. 27, n. 6, p. 564-587, June 2007.

OLIVEIRA, G. T. de; MARTINS, R. A. Efeitos da adoção do modelo do Prêmio Nacional da Qualidade na medição de desempenho: estudos de caso em empresas ganhadoras do prêmio. **Gestão & Produção**, São Carlos, v. 15, n. 2, p. 247-259, maio/ago. 2008.

PALADINI, E. P. **Avaliação estratégica da qualidade**. São Paulo: Atlas, 2002.

PORTAL ACTION. **Gráficos ou cartas de controle**. Disponível em: <http://www.portalaction.com.br/controle-estatistico-do-processo/graficos-ou-cartas-de-controle>. Acesso em: 8 abr. 2017.

PORTAL BRASIL. **Reclamações de consumidores chegam a 2,7 milhões em 2016**. Disponível em: <http://www.brasil.gov.br/cidadania-e-justica/2017/03/reclamacoes-de-consumidores-chegam-a-2-7-milhoes-em-2016>. Acesso em: 8 jun. 2017.

POWELL, T. C. Total Quality Management as Competitive Advantage: a Review and Empirical Study. **Strategic Management Journal**, Chicago, v. 16, n. 1, 15-37, Jan. 1995.

PRAJOGO, D. I.; SOHAL, A. S. TQM and Innovation: a Literature Review and Research Framework. **Technovation**, v. 21, n. 9, p. 539-558, Sept. 2001.

PREDEBON, J. **Criatividade**: abrindo o lado inovador da mente. 3. ed. São Paulo: Atlas, 2001.

QSP – Centro da Qualidade, Segurança e Produtividade. Orientação sobre a abordagem de processo para sistemas de gestão da qualidade. **Informe Reservado da QSP**, n. 13, abr. 2003. Disponível em: <http://www.qsp.org.br/biblioteca/orientacao_abordagem.shtml>. Acesso em: 24 abr. 2017.

RICKARDS, T. The Management of Innovation: Recasting the Role of Creativity. **European Journal of Work and Organizational Psychology**, London, v. 5, n. 1, p. 13-27, Jan. 1996.

RITZMAN, L. P.; KRAJEWSKI, L. J. **Administração da produção e operações**. São Paulo: Pearson/Prentice Hall, 2005.

RODRIGUES, M. V. **Ações para a qualidade**: GEIQ, gestão integrada para a qualidade – padrão seis sigma – classe mundial. Rio de Janeiro: Qualitymark, 2004.

SAMOHYL, R. **Controle estatístico de qualidade**. Rio de Janeiro: Elsevier, 2009.

SAWYER, R. K. **Explaining Creativity**: the Science of Human Innovation. Oxford: Oxford University Press, 2011.

SCHNEIDERMAN, A. M. Optimum Quality Costs and Zero Defects: Are They Contradictory Concepts? **Quality Progress**, v. 19, n. 11, p. 28-31, Nov. 1986.

SCHUMPETER, J. A. Entrepreneurship as Innovation. In: SWEDBERG, R. (Ed.). **Entrepreneurship**: the Social Science View. Oxford: Oxford University Press, 2000. p. 51-75.

_____. **The Economic Theory of Development**: an Inquiry into Profits, Capital, Credit, Interest, and The Business Cycle. Cambridge: Harvard University Press, 1934.

SEELIG, T. **inGenius**: a Crash Course on Creativity. San Francisco: Harper One, 2012.

SENOR, D.; SINGER, S. **Nação empreendedora**: o milagre econômico de Israel e o que ele nos ensina. São Paulo: Évora, 2011.

SILVEIRA, D. P. Operadoras de telecomunicações lideram ranking de reclamações no Procon. **Oficina da NET**, 24 mar. 2016. Disponível em: <https://www.oficinadanet.com.br/post/16247-operadoras-de-telecomunicacoes-lideram-ranking-de-reclamacoes-no-procon>. Acesso em: 5 mar. 2017.

SINGH, J.; WILKES, R. E. When Consumer Complain: a Path Analysis of Consumer Complaint Responses Estimates. **Journal of the Academy of Marketing Science**, v. 24, n. 4, p. 350-365, Sept. 1996.

SINTEF. **Big Data**: for Better or Worse. 22 maio 2013. Disponível em: <https://www.sintef.no/en/latest-news/big-data for-better-or-worse/>. Acesso em: 28 abr. 2017.

SLACK, N.; CHAMBERS, S.; JOHNSTON, R. **Operations Management**. 4. ed. Harlow: Prentice Hall, 2004.

SMITHSONIAN INSTITUTION. **Art Fry**: Post-it® Note Inventor. 14 Apr. 2014. Disponível em: <http://invention.si.edu/art-fry-post-it-note-inventor>. Acesso em: 19 jun. 2017.

_____. **Lemelson Center for the Study of Invention and Innovation**. Disponível em: <http://invention.si.edu/>. Acesso em: 7 abr. 2017.

SOARES, C. A. L. **Gestão da qualidade**. Rio de Janeiro: Sesi/UFF, 2011.

SOUZA, M. A. de; COLLAZIOL, E. Planejamento e controle dos custos da qualidade: uma investigação da prática empresarial. **Revista Contabilidade & Finanças**, v. 17, n. 41, p. 38-55, 2006. Disponível em: <http://www.revistas.usp.br/rcf/article/view/34185/36917>. Acesso em: 19 jun. 2017.

SUTTON, R. I. **Weird Ideas that Work**: 11 and 1/2 Practices for Promoting, Managing, and Sustaining Innovation. New York: The Free Press, 2002.

TIDD, J. Complexity, Networks & Learning: Integrative Themes for Research on Innovation Management. **International Journal of Innovation Management**, v. 1, n. 1, p. 1-21, Mar. 1997.

_____. Innovation Management in Context: Environment, Organization and Performance. **International Journal of Management Reviews**, Oxford, v. 3, n. 3, p. 169-183, Sept. 2001.

VIEIRA, S. **Estatística para a qualidade**: como avaliar com precisão a qualidade em produtos e serviços. Rio de Janeiro: Elsevier, 1999.

VIEIRA, S. **Raciocínio criativo na publicidade**: uma proposta. 4. ed. São Paulo: Loyola, 2004.

VISSERS, G.; DANKBAAR, B. Creativity in Multidisciplinary New Product Development Teams. **Creativity and Innovation Management**, v. 11, n. 1, p. 31-42, Mar. 2002.

WEB OF SCIENCE. Disponível em: <http://apps.webofknowledge.com>. Acesso em: 28 abr. 2017.

WERNKE, R. **Custos da qualidade**: uma abordagem prática. Porto Alegre: Conselho Regional de Contabilidade do Rio Grande do Sul, 2000.

WEST, M. A.; ALTINK W. M. M. Innovation at Work: Individual, Group, Organizational, and Socio-Historical Perspectives. **European Journal of Work and Organizational Psychology**, London, v. 5, n. 1, p. 3-11, Jan. 1996.

WOOD JR., T. Fordismo, toyotismo e volvismo: os caminhos da indústria em busca do tempo perdido. **Revista de Administração de Empresas – RAE**, São Paulo, v. 32, n. 4, p. 6-18, set./out. 1992.

WOODMAN, R. W.; SAWYER, J. E.; GRIFFIN, R. W. Toward a Theory of Organizational Creativity. **Academy of Management Review**, v. 18 n. 2, p. 293-321. Apr. 1993.

ZAIRI, M. Managing Customer Dissatisfaction through Effective Complaint Management Systems. **The TQM Magazine**, Bingley, v. 12, n. 5, p. 331-335, 2000.

ZEITHAML, V. A.; BITNER, M. J. **Marketing de serviços**: a empresa com foco no cliente. 2. ed. Porto Alegre: Bookman, 2003.

ZEITHAML, V. A.; BITNER, M. J.; GREMLER, D. D. **Marketing de serviços**: a empresa com foco no cliente. 6. ed. São Paulo: Bookman/McGraw Hill, 2014.

ZEITHAML, V. A.; PARASURAMAN, A.; BERRY, L. L. Problems and Strategies in Services Marketing. **Journal of Marketing**, Chicago, v. 49, n. 2, p. 33-46, Spr. 1985.

ZUINI, P. 10 pequenas empresas que são exemplo de gestão e competitividade. **Pequenas Empresas & Grandes Negócios**, 13 abr. 2016. Disponível em: <http://revistapegn.globo.com/Empreendedorismo/noticia/2016/04/premio-mpe-brasil-anuncia-vencedores.html>. Acesso em: 5 mar. 2017.

[respostas]

Capítulo 1

■ Questões para revisão

1. A satisfação pode ser compreendida como a diferença positiva entre as expectativas iniciais do cliente (o que ele esperava) e a experiência de fato vivenciada com o consumo (o que foi percebido). Enquanto a satisfação é específica, avaliada por transação, a qualidade é uma atitude do cliente construída ao longo do tempo em relação à empresa, uma somatória do resultado de sucessivos encontros.

2. a

3. b

4. b

5. Os objetivos da qualidade dependem das especificidades de cada organização. De modo geral, podemos citar como alguns objetivos principais: a conformidade da produção de bens e da prestação de serviços; a otimização dos processos organizacionais; a redução de custos; o constante treinamento e capacitação dos funcionários; a melhoria no relacionamento da organização com seus consumidores e na relação custo-benefício dos produtos ofertados; e o controle e avaliação contínua do desempenho organizacional.

Capítulo 2

■ Questões para revisão ─────────────────────

1. Verdadeira

2. d

3. e

4. Em termos gerais, podemos resumir o paradoxo do preço da seguinte forma: o consumidor busca produtos com preços menores, mas, contraditoriamente, julga-os como de menor qualidade; por outro lado, produtos com preços mais altos denotam qualidade superior, mas, também de forma contraditória, não são necessariamente comprados e consumidos.

5. Ao registrar uma reclamação e não ser atendido pela organização, o consumidor reclamante fica duplamente insatisfeito. Isso acontece porque, primeiramente, há o problema que gerou a insatisfação do consumidor, que o levou a reclamar, e, depois, porque sua reclamação não foi atendida, configurando uma segunda falha da empresa.

Capítulo 3

■ Questões para revisão ─────────────────────

1. a

2. a

3. A inspeção por aceitação tem como objetivo verificar a conformidade de uma amostra a fim de descobrir se o lote deve ser aceito e, portanto, liberado para uso futuro ou rejeitado e devolvido à sua origem. Já a inspeção retificadora tem como objetivo não só a avaliação da amostra, mas a substituição dos itens defeituosos por itens aceitáveis. Assim, enquanto a inspeção por aceitação se configura apenas como um processo de mera aceitação ou rejeição do lote, a inspeção retificadora possibilita a retificação dos produtos, consertando os erros identificados.

4. Algumas vantagens podem ser citadas, como permitir uma radiografia precisa das operações do processo, sendo um importante instrumento de avaliação; possibilitar que erros sejam identificados; criar condições para que ações corretivas sejam rapidamente implementadas; permitir que

ações preventivas consistentes sejam desenvolvidas; empregar técnicas estatísticas, proporcionando um resultado confiável; reduzir o tempo, os esforços e os custos empregados no processo de controle da avaliação da qualidade.

5. a

Capítulo 4

■ Questões para revisão

1. a

2. b

3. O *just-in-time*, ou "na hora certa", tem como premissa a produção apenas do necessário, isto é, os produtos são desenvolvidos conforme a demanda do mercado consumidor. A principal contribuição dessa prática é a redução de qualquer tipo de excedente, produzindo-se o estritamente necessário para suprir a demanda.

4. A norma ABNT NBR ISO 9000 estabelece requisitos para os sistemas de gestão da qualidade, estipulando como as organizações devem estabelecer, documentar, implementar, manter e melhorar continuamente um sistema de gestão da qualidade.

5. e

Capítulo 5

■ Questões para revisão

1. Certo. Essa afirmação está em pleno acordo com a abordagem apresentada no capítulo, conforme o princípio direcionador da implantação do GQT da gestão baseada em pessoas.

2. e

3. A afirmação está errada. Existe uma série de métodos estatísticos que podem ser usados como indicadores de controle no GQT.

4. d

5. d

Capítulo 6

■ Questões para revisão

1. d

2. A regra geral consiste em fomentar o otimismo, isto é, enfrentar as situações da vida cultivando uma visão mais leve e um pensamento positivo, com doses de fé, esperança e ânimo. O primeiro recurso é balancear a visão entre o idealismo e o materialismo. O segundo consiste em organizar um programa de aperfeiçoamento profissional que respeite sua essência e suas individualidades. O terceiro, por fim, é o uso inteligente do tempo.

3. c

4. Em síntese, a abordagem das aberturas parte da ideia de que a pessoa mais criativa pode ser também considerada mais "aberta", levando-se em consideração um conjunto de cinco características principais: flexibilidade, articulação, comunicabilidade, inquietude e leveza.

5. b

Capítulo 7

■ Questões para revisão

1. O conceito de inovação mais amplamente aceito é o *Manual de Oslo*, que considera quatro tipos principais de inovação: produto (bem ou serviço), processo, método de *marketing* e método organizacional nas práticas de negócios.

2. a

3. b

4. e

5. A inovação aberta consiste na combinação de ideias internas e externas, bem como de trajetórias internas e externas para o mercado, para alavancar o desenvolvimento de novas tecnologias. É um conceito bem mais amplo, que implica o intuito de atrair cada vez mais profissionais externos e organizações parceiras dos mais diversos tipos: acadêmicos, inventores, universidades, institutos de pesquisa, fornecedores, concorrentes e até

mesmo clientes. Já a cocriação foca apenas em um *stakeholder*: o cliente. Trata-se de um processo de desenvolvimento de produtos e serviços em conjunto (empresas e clientes) que envolve contribuições de um grupo de pessoas variado, muitas vezes por meio de uma rede *on-line*.

Capítulo 8

■ Questões para revisão

1. b

2. d

3. As sete categorias principais de medidas do processo de gestão da inovação são: insumos, gestão de conhecimento, estratégia de inovação, cultura e organização, gestão de portfólio, gestão de projetos e comercialização.

4. e

5. A primeira grande barreira é a falta de métricas que possibilitem perceber o impacto da inovação. A segunda é a prevalência do foco no curto prazo. Por fim, o terceiro obstáculo é a falta de recursos.

[sobre as autoras]

Taís Pasquotto Andreoli é graduada em Administração pela Universidade Estadual de Maringá (UEM), mestre em Administração pela Universidade de São Paulo (USP) e doutoranda em Administração pela Universidade Municipal de São Caetano do Sul (USCS). Possui experiência docente na União das Instituições Educacionais do Estado de São Paulo (UNIESP) de Itu, e também atuou em instituição pública, tendo ocupado o cargo de professora temporária, em regime de dedicação exclusiva (TIDE), na Universidade Estadual de Maringá (UEM).. É autora de diversos artigos apresentados em congressos nacionais e internacionais e publicados em periódicos científicos, bem como de três livros e outras obras acadêmicas. Atua nas áreas de administração geral (pensamento administrativo, estratégia e empreendedorismo) e *marketing*.

Lívia Tiemi Bastos é graduada em Ciências Econômicas pela Universidade Federal do Paraná (UFPR) e mestre e doutora em Administração pela Universidade de São Paulo (USP), na linha de Economia das Organizações. Fez estágio de pesquisa de três meses na Universidade de Kyoto, no Departamento de Estudos Ambientais Globais. Atualmente, trabalha como consultora de pesquisa e de negócios.

Impressão:
Agosto/2017